住まいのいろは

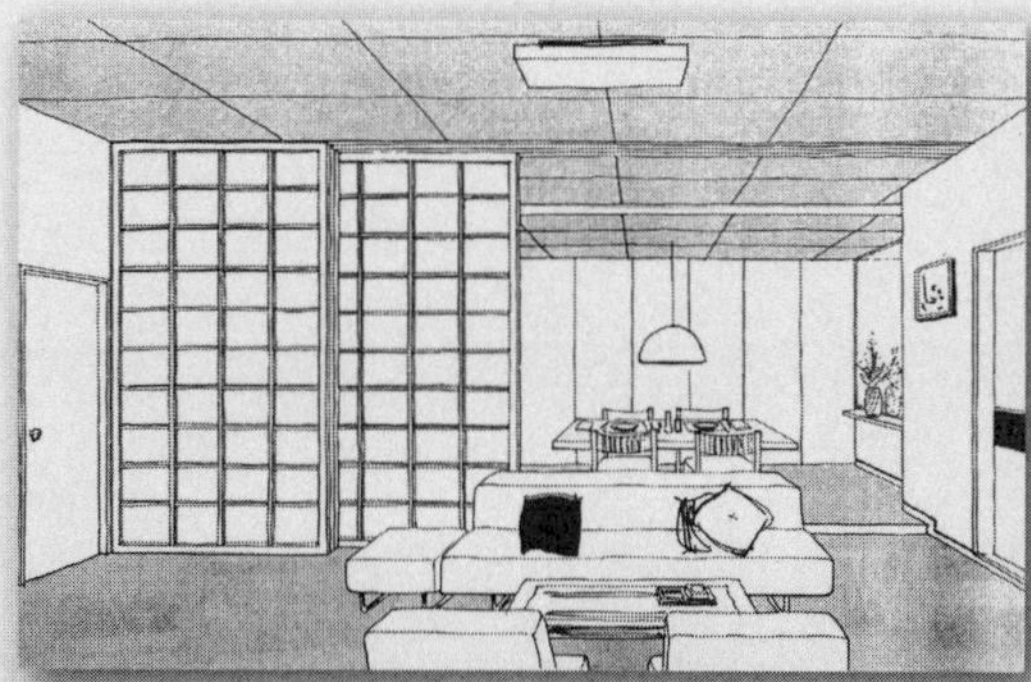

三沢　浩［著］

三和書籍

まえがき

当初のタイトルは「建築のいろは」だったが、「建築」にルビを振るか、括弧付きで「建築（すまい）のいろは」と読み替えてみようとも考えた。入門的な「建築のいろは」では堅過ぎて教科書のようだから、息抜きの読み物として、私の設計した住宅の解説を加えて、「住まいのいろは」に変えた。そこで「いろは」四八文字で始まる語句にまつわる話と、住宅設計で失敗したり得意になった話を加えれば、本来の意味の「住まいづくり」の入り口になるのではないかと考えた。つまり全体にふたつの流れが入り交じることになった。

本書のもとになったのは、一九七六年の発足から三〇余年の活動を続けている「女性建築技術者の会」の月刊ニュース『定木』に永年連載した文章である。この会の自主講座、「アントニン・レーモンドの建築」や「フランク・ロイド・ライトの建築」とい

すまいの原型を示したロージェ『建築試論』
出典／鈴木博之『空間を造る』（ＮＨＫ市民大学テキスト）1986，ＮＨＫ出版

う内容で二年連続して勉強会を続けた後、会の求めに応じて「やや専門的」な読み物を載せるという約束で、書き始めた経過がある。「女性建築技術者の会」は、一級建築士からインテリアデザイナー、建築関係や設計関係の多方面で実際に活躍している女性たちの集まりだから、「わかりやすく建築や住宅のデザインに必要な知識について書いてほしい」という要望があった。

気安く引き受けたものの、何を書いたらいいのか、事務所への往復にメモを入れた鞄を抱えて、続き物の難しさに悩んだ。「わかりやすい建築をのべる」ことは、その昔、横浜の「朝日カルチャーセンター」で、「暮らしと建築の美学入門」講座を続けたこともあり、自信がないわけではなかった。さりとて二番煎じとはいかない。そしてある日、本棚を漁りながら、それと思われる本を引っ張り出しながら考えた。「何かいいネタはないか」と読み出したのが、幾つかの建築の語源にまつわる本。そこから得たヒントは、五〇音順に言葉を研究し直して、建築の「いろは」として、入門にもする案であった。

しかし、わかりやすくということと、「いろは」は違う。「いろは」には「初歩」の意味があり、わかりやすさとは中身を濃くしてわかりやすい文章にすることである。そこで初歩の「いろは」だけではなくて、いろは順の教養編を、「い」から始めることにしたのである。

だから最初は「いえ・家」か、「いま・居間」になるが、次にまことに弱ったのは「ろ」の語の少ないことと、だが抜かすわけにはいかない。「ろ・炉」と「ろうか・廊下」しかないではないか。だがその次はたくさんある。「はしら・柱」あり、「はり・梁」あり、「梯子段」あり、「幅木」「羽目板」「配水」「排

水」「排泄」と何でもありで、建築関係の基本の幾つかが拾い上げられる。

しかし言葉を拾い上げて、「わかりやすく」するだけでは意味がない。後で整理した時に全体の構造とか、機能とか、工事とか、材料などにまとまっていてこそ連載の意味があるということに思い至った。つまり単に建築用語を並べてみてもいけないし、それぞれが関係し合うことがあるからこそ連載の価値があると考えたのである。

それにしてもしんどいのは「いろは」順の各内容を「わかりやすく」、そしてそれが建築や住宅の体系に組み込まれなくてはならないことである。やっぱり勉強し直さなければならないところが、幾つも出てきた。困ったが後には引けない。巻末の参考文献に挙げた程度の本では知識も不足する。自分の知識を遥かに超える全科百般の重さに、時には放り出したくなりながら、何とか最後の「ん」に到達した。

その中で「住まい」の実例を挿んだのは賢明で、自分でも息抜きになって良かった。しかしながら結果としては、随分と恥をさらすことになったと思われるが、これは自業自得と諦めた。

住まいの㋑㋺㋩

目次

い
家、食う寝る所に住む所

No.1

「いろは」の「い」は「いえ」、つまり「食う寝る所に住む所」である。この語呂のいい言葉の出所は、落語の「寿限無」にある。生れた赤子にめでたい名をつけようと、寺の和尚に相談するところから始まる。和尚は「無量寿経」に範を探し、長生きの言葉をあげる。次々に出てくるめでたい言葉をつなげて長い名の付く「長助さん」となった。この子が育って学校へ行くようになり、近所の子が呼びに来るけれど、長い名だから学校に遅れる。ぶたれてこぶが出来ても、親に知らせるのに名が長過ぎて、こぶが引っ込んでしまうところで「落ち」となる。

「寿限無」とは寿限り無しで長生きのこと。「五劫の擦り切れず」とは、天人が三千年に一度下界に下りる時、天人の衣が巌をなでて擂り切れてしまう程の永い年月。「海砂利、水魚」とは、海の砂利と魚で獲り切れない。「水行末、雲来末、風来末」とは行く

ベネズエラのパナレ地区の住まい
出典／C・Duly『The Houses of Mankind』1979, Thames & Hudson

水、行く雲、風の行方で果てしない。「食う寝る所に住む所」とは衣食住。「やぶらこうじにぶらこうじ」は、薮柑子というめでたい木で、春夏秋を経て冬に赤い実を結び霜雪をしのぐ。

もろこしのパイポの国、シューリンガン王とグーリンダイ后の間に生れたのが、ポンポコピーとポンポコナァの二人の姫で、類い稀な長生きをする。「長久、長命」の二つを合わせて「長久命」。男なら長く助ける「長助」という名がいいという。

じゃあというので、これを全部書いてもらう。「どれをつけても後で具合が悪いというのでは困る。いっそ全部つけちまえ」というので、これを長い名前にした。だからこの子を呼ぶ時は「寿限無寿限無、五劫の擂り切れず、海砂利水魚の水行末、雲来末風来末、食う寝る所に住む所、やぶらこうじのぶらこうじ、ぱいぽぱいぽ、ぱいぽのしゅーりんがん、しゅーりんがんのぐーりんだい、ぐーりんだいのぽんぽこぴーのぽんぽこなぁの長久命の長助」となった。

長いイントロで恐縮するが、途中で切るわけにもいかずに最後まできてしまったとは、これこそお笑いであろう。

「衣食住」のうちの「住む所」が目標だが、この「家」もいろいろあって困る。単に「家」が住居であっても、これはハウスであり、ホームを意味する。ホームはまたファミリーの意とすれば、物理的なものを超えて一家一族、紋所を同一とする「家・け」になってしまう。これは映画でもお馴染みの「マフィア」や「何々組」でもある。

とりあえず「住む所」を住居としても、西山夘三が「住居論」で展開した膨大な内容が思い浮かぶし、軽い所でも今和次郎「住居論」でのべているような農家、商家、アパートからバラックまで拡がる。今なら差し当たり、ブルーテントの仮住まいまで語ることになる。だから「家」の何をのべるのかを分類してその焦点に話を持っていかないと、ここでは幅が狭くてなかなか難しい。

「いろは」の「い」で「家」について語るということは、実に象徴的なことだと思う。最初に考えていたように「いろは」全体が、何らかの枠の中に入って、全体をひとまとめにしたときに、「建築の何かを書いていた」ということが分かるようにしたいのである。従って「建築の何か」とは「家」のことであっていいのであろう。

その「家」も、何とかファミリーではなくて、「家族」を入れる「ハウス」という容れものであり、物理的な「住まい」をつくることにならなくてはいけない。そして「住まい」とは「住む所」でなくてはならず、神様の住まう所でも、ブルーテントでもなく、平凡に「住まい」の物理的な考え方、それに附随していることで、知っておかねばならないことが、とりあげられると良いと思った。

ごく普通のことの背後に、知っていれば良かったと思われることが、しばしばある。それも日常茶飯事であるために、馴れてしまって気がつかなかったこともあるような気がする。そういった「目からうろこが落ちる」ような「へぇ」が、幾つもあると面白い。しかし、そんなにうまく見つかったり、見つけたり、それをうまく伝えていくことができるとは、あまり考えていない。

ろ

廊下のろ

No.2

辞書を見てわかることであるが「ろ」は語が少なく、建築用語、住宅用語に「炉」があるくらいである。だから「廊下」の方が、今後の語句選びの中でも関連があると思いこちらを選ぶ。「炉」の方はなんとか「いろり」を選ぶことによって家族の中心となってきたことと、そこに家族制度とか、しきたりがまつわっていることを書きたい。

とりあえず「炉」とは何かだが、「いろり・囲炉裏」の「炉」でありながら、西洋でいう立体的な「暖炉」のようなものを指すと読んだ。その上に「かまど・竈」のように立体的に飯釜を据え、下から火を焚く「へっつい」がある。現代では、博物館でも見られないので、それを書いても意味がない。「いろり」の方は現実に「いなか」で生きているところもあるから、取っておきたい言葉である。

桂離宮、新御殿
出典／『伝統のディテール』1972, 彰国社

「廊下」の前置きが長くなった。「廊下」といえば長いもの。昔の小学校の「廊下」は長くて、雑巾をかけるのは大変だった。でも日課のように放課後には濡れ雑巾を絞って、両手をついて競ったことを思い出す。これにくらべると住宅用の「廊下」は、近代建築では邪魔物扱いになり、機能的にはできるだけなくすものになった。機能動線の要点は「廊下」を使わずに、機能空間を接続することである。ホールがあれば、そこから「廊下」なしで各空間に行ける。このように習ったのは、大学一年の時だったように思う。これは学生寮で同宿していた、建築の先輩が最初に教えてくれたひと言かもしれない。吉村順三がまだ助教授の頃で、「テレビができると一家団欒の場となるんだよ」などと予言していた古い時代の話である。

和風の住宅で、三尺×六尺のモジュール寸法を使うのは便利だ。しかし柱の芯々で三尺の廊下をとったのは、明治から大正にかけての文化住宅に多かったはずである。大体、民家の田の字型平面には「廊下」がなくて、畳の間を突っ切って行く。桂離宮は「廊下」ではなくて「縁側」だからあれは違う。ここでいう「廊下」は、裏動線と表動線を分けるのに「廊下」に頼る庶民の「近代住宅」のこと。だから機能動線を短く、しかも合理的にするには「廊下」をなくすことになる。

三尺幅の「廊下」は狭い。襖を開けて部屋に入るならいいけれど、洋風の部屋でドアだったら内開きでなくては危険である。しかし外開きでなくてはならなかった一穴の和式大便所の扉は、いつも出会い頭に開けられてよくぶつかった。昔、新築の住宅で芯々三尺の「廊下」をつくったことがある。ドアを開けることはできたし何とかやりくりしたけれど、ドアからノブが突き出しているから、これに袖が引っ掛かると文句をいわれた。なるほど、便所の扉はノブがなくて、昔風に小さな木のつまみを左右に動かして開閉するものだった。

三尺幅の和風「廊下」のある家に、二〇年前まで住んでいた。その家は部分的に書斎などを改装し、住み慣れた家だった。三年間のアメリカ生活から戻ってきて、玄関を開けてその「廊下」を一目見た時、最初に思ったのは「狭いなぁ」だった。よくこのような家に暮らしていたものだと考えたほど実に狭い「廊下」だった。アメリカは短かったのに、その短期間にアメリカサイズに馴染んでしまっていた。

日進月歩の世の中であれば、住宅の「廊下」が変わったり、なくなっただけではない。生涯で初めての入院生活でわかったことは、病院の廊下が良くなっていることであった。比較的新しい病院に入院したからだろう。まず広いこと、滑らないこと、そして各室に敷居がないこと、手摺があって伝い歩きできること、それに明るいことであった。だがしかし事はすべてうまくはいかない。看護士が回診時に押してくる、薬や用具満載のステンレスの車は、どういうことかいつもドアの辺りで、けたたましい音をたてるので閉口した。平らと見えても「への字」と呼ばれているステンレス敷居があって、越える時に器具同士がぶつかる音であった。

ろ

その2 廊下のない家（K邸／一九六九）

No.3

「建築のいろは」とするよりも、建築をやめて「住まい」とすることによって、堅い建築と、「住まい」という日常の建物が同時にわかれれば良いと思っていた。というわけで、「いろは」に沿う建築用語の間に、すまいの設計に携わって得た経験や、関わりのある話を加えた。それにより実務がわかってくると考え、このように「その2」として挿みこむことにした。それほど重くない読み物や、失敗談というところであろうか。

時代的にのべるわけではなくて、大して多くない住宅の設計について、思いつくままにエピソードなどをさしはさみたい。その最初のひとつは「廊下のない家」で、目黒区の閑静な住宅地に建つ住宅の改造の話である。このK邸、実は戦後間もない頃だと思うが、コンクリートブロック造で建てられた。たぶん一五坪という面積制限があった物資不足の時代の産物だと考えるが一切記録

スケッチパース、三沢浩画、K邸居間
出典／『ニューハウス』1978.1, ニューハウス社

はなし。恐らくは物産会社の役員が建主だから、こういう住まいができたと想像する。設計したのは大江修という建築家である。若くして亡くなった英才で、東京の市ヶ谷にある法政大学校舎を設計した建築家の大江宏の弟にあたる方であった。

その住宅を二階建にするにあたって設計したのが、当時の東京芸大教授山本学治だった。その縁は同じ敷地にお住まいの親戚のひとりが山本の友人で、大江修が亡くなって増築が頼めなくなったことから白羽の矢が立った。山本は建築家としてよりも、教授として近代建築史を教えていたから、設計はいわば脇仕事。しかしこのK邸に関しては誰か学生にでも手伝わせたのか、ブロック造の平家に木造の二階を載せていた。芸大で建築史のかたわら構造を教えていたのだから、自分で構造計算をしたのだろうか。とにかくブロック造の屋根がコンクリートスラブであって、木造は載せやすかったと思われる。それでも一五坪の半分の北側に、木造切妻をつくったのは正解だった。一階の北側に厨房、浴室、便所が集まっていて、間仕切もブロック造だったから助かった。

その数年後の一九七〇年頃、山本がいつものように手伝ってくれといって、K氏を紹介した。一緒に行ったのか途中で会ったのか、今では思い出せないが、磊落なK氏からその家の一階の改造を依頼された。山本はその頃、自邸を保土ヶ谷区（横浜市）に完成していたから、面倒になってきていたのだろう、小住宅や改造の仕事を時々よこしてくれたから、その一端だったに違いない。

一階の居間を美しくしたいということと、二階の寝室の外部にコンクリートの屋根が残っているから、それをバルコニーのように使いたいということだった。細部は忘れたけれど、二階のコンクリートスラブは防水し直して、手摺をつけ広々とした屋上庭園をつくった。特にその周辺に花鉢を置きたいというので、提案したらその通り太い丸太を芯で二つに割り、くり抜いた船型の植木鉢が運ばれてきて、自然木の植込みができた。

そのK氏が突然亡くなられた後、K夫人は居間を使って子供に絵を教える仕事を始めた。そのためには部屋を大きくする必要があり、一部水廻りを除いて居間と食堂を一室空間にする計画を立て、その設計を今度は直接に依頼してきた。子供たちに絵を教える所が居間、付き添いのお母様族の待つ部屋が食堂で、その間を天井いっぱいの可動障子で仕切る。障子は四尺幅のものが五本、天井吊りで完全格納を試みた。玄関を入って扉を開くと全室が見渡せる。つまり廊下はなしということで、そのインテリアデザインが完成の運びになった。

ひとつだけ問題点があったのは、玄関寄りにある階段が丸見えになったこと。それも裏板なしで、ささら桁と踏板だけのすけすけ階段である。食堂側にいる人が仰ぎ見ると、降りる人が見えることになる。裏板を張るとか、蹴込みをつけるとか方法はあったけれど、K夫人は広々とした方が良いとの考えでそのままとなった。とにかく改造に改造を重ねてきた住宅であったが、持ち前の癖でその後お訪ねすることもなく、途絶えたままである。

は

柱と梁

No.4

「柱」は建築にとっては命だから、粗末には扱えない。神様を数える時は、ひと柱、ふた柱と数えることになっているし、靖国神社の英霊も幾柱という。そして昔からの田の字平面の民家には「大黒柱」が中心にあって、黒光りして居座り、高い煙出しの棟まで立ち上がっている。この柱、普通でも一尺以上の角柱で一家の「大黒柱」とはよくいったもの。これがなくては一家の生計が立たないというように形容される。

登呂でも三内丸山でも見たけれど、原始の小屋には土の上に穴を開けて立てる「ほったて・掘建て」柱があって、棟と屋根を支えている。だから竪穴住居跡の発掘は、この孔を掘り出して復原している。こんなことは当たり前だが、それでは根元が腐ってしまうから、賢くなった人間は柱の下に石を置いて、その上に建てることを考え、これが礎石の発生につながる。伊勢神宮の「掘建

桂離宮,月波楼
出典／大石治孝編『和風／情感の演出』(『建築知識』別冊)1981,建知出版

て柱」は二〇年毎の遷宮の折にとりかえるから、大体二〇年位すると柱の根元が危なくなってくることもわかる。

今ではコンクリートの基礎の上に土台を置くが、ひと昔前の住居では玉石の上に束立てをしていた。民家の縁側の下などに残っているように縁の床束は玉石、茶室の場合もコンクリートというわけにはいかないから、玉石を土にいけて柱をたてるのが常識である。

さて「梁」である。飛騨高山の「吉島家」の梁の見事さには驚く。柱の幅の三倍はある太い梁が、柱と壁とにぶつかって、しかもその上に組み子になって立ち上がる束と小梁が、立体的に組み上がっているからだ。神社仏閣ならば驚きはしないものの、町家のひとつであるからその見事さに感心した。もっともこんなことをいっていたのでは、きりもない話で、どこの田舎でも茅葺き屋根の下には、黒光りの柱と梁が絡み合う。「飛燕梁」とも呼ばれるが、燕の飛び交うようにくねった松梁を、巧みに使う方法は数知れず存在する。

「梁」とは「上部からの重みを支えるため、あるいは柱を固定するために柱上に架する水平材。桁（けた）と梁とを区別して、棟と直角にかけられたもののみを指すこともある」と『広辞苑』にある。梁と桁とは時々、こんがらがることがあるからだろう。

日本建築では柱と梁が活躍し、特に伝統工法では主役と呼んでもいい。ＲＣ造になるとシェルとか無梁版があらわれて、柱・梁の関係が壁とスラブになる。最近では殊更にこの関係が稀薄になりつつあり、この関係を壊そうとする新しいデザインがあらわれているのはご存知の通り。

「仙台メディアテーク」で名をあげた建築家の伊東豊雄は、幾本もの木の幹をばらばらに立てて柱と見せなかった。それを再び狙ってか、「トッズ表参道ビル」を設計した。このガラス箱は外側を表参道のけやき並木に合わせて、けやきの幹と枝が取り囲むようにデザインしている。つまり枝に囲まれた箱になるわけで、これによって柱も梁も見えない建物になる。

このような先例は二〇〇三年の夏に完成した、表参道を入って根津美術館へ抜ける道端にできた「プラダ・ブティック青山店」にもいえる。このビルは巨大な水晶の塊にも見え、ひと目で梁も柱もない「かご構造」であることが読み取れる。設計はスイスのバーゼルに根拠地を置く、ヘルツォーク&ド・ムーロンのグループ。彼らは今までも極めて特殊な形体を生み出したり、それ以前は隈研吾が真似をしているような、単純な立面構成で単一材を繰り返した。つまり彫刻や音楽でいえば「ミニマル芸術」である。

これを「スーパーフラット」という人もいる。「奥行がない。階層構造がない。内面がない。あるいは〈人間〉がいない。しかし視線がいっぱいある。ぜんぶに焦点があたっているネットワークがある、運動がある、そして〈自由〉がある」（『広告』二〇〇〇・一）これは一体何だろう。焦点が定まらないコマーシャル傾向の一時的な流行であろうか。

このような傾向の前では、柱と梁が厳然とした建物は真面目に見え過ぎる。厳格であり従って不自由で、単一方向の真面目さが必要になり、将来は嫌われてしまいそうな気がする。

に

二階と階段

No.5

ある本に書いてあった。江戸時代の街道沿いや城下町では殿様がお通りになる時、「上から見下ろすのはけしからん」ということで、二階を許さなかったという。そのためか、あるいは実用にしないためか、町家の二階の天井は極く低い。しかも町家は多く「妻入り」にはせず、「平入り」といって軒が道路に平行に突き出す形式で、その上に二階の屋根を低くしたため、窓際つまり道際では腰をかがめるほど天井が低かった。

実際に幼い日の記憶では、その町家に低い天井の二階があって、蔵づくりだったから「むしこ窓」という、縦に塗り込めた「縦格子つき」の窓がついていた。この「むしこ窓」の内側に障子があってガラス戸もあり、商家の一階の屋根だから看板が立ち、道路を見下ろしてもろくに見えなかった。

農家においても二階を居室にはしていない。養蚕の盛んだった

引出し付きの階段、京都角屋
出典／彰国社編『伝統のディテール』1972, 彰国社

信州の農家など総二階でも、それは一定期間の蚕様の居室で、作業と風通しの良い場所が選ばれていた。一階に養蚕用の大部屋をとる場合は、畳を上げて板の間にしていたから二階はなかった。

一般に平家の多い江戸では、宿屋と料亭などの特別な家が総二階であったという。私の見た武家屋敷の二階建は、信州松代の江戸末期の真田藩主邸で、広い庭と池を見渡す総二階だった。もう一つは建築家の大谷幸夫、歴史家の稲垣栄三が「庭園都市」と名づけた、松代調査の中の文化財の横田邸で、その二階の書院からは、素晴らしい水の庭園を遥かに眺める絶景があった。

例外は別として町家の二階は丁稚小僧の寝るところで、一階の店舗の上にあたる位置にあり屋根裏に近かった。普通、平家だったのは城下町だけでなく当たり前であった。都市に長屋ができるようになり、権力や風景のためでなく、機能と広さの確保のために二階がつくられるようになる。現代は土地の高度利用と規制緩和で、木造三階建が建てられるようになった。

二階へ昇る階段は、昔の商家では場所を切りつめるために極端な角度にした。四五度は当たり前で、「梯子段」という呼び名の通り梯子である。その「梯子段」には「民芸式階段」と今和次郎が呼んでいる、階段の側面に引き出しのついた帳場の背後の階段もあった。彼がいうには「箱を積み重ねて階段に利用したのではないかと思える」とある。空間利用の目的が最初からあってしたことだろうと思う。

吉村順三の「軽井沢別邸」は、『小さな森の家』（建築資料研究社）という本が出されてなお有名になり、テレビで渡辺篤史がドキュメントを放送したり、忙しい「別邸」になった。本は一九九六年に出版され、翌年に亡くなった吉村の「お別れの会」の参列者に配られた。この中に階段の細部が出てくる。

まず一階から二階の居間に行く階段は、二階床のレベルで前後から水平に板戸が滑り出して下界と遮断する。次に居間から屋根裏部屋への「梯子段」が、特に急勾配なのは、二・一メートルの階高を〇・九メートルの幅で登ってしまおうとしたからである。そこで彼が指示したのが滑って落ちない「梯子段」で、水平に置く踏み面を、爪先立ちするように前で六ミリ下げた。二一〇ミリの蹴上げだから、ほとんど前屈みに昇るわけで、この微妙な先下がりのために随分昇りが楽になっている。

つけ足すと、屋根裏部屋には屋根上の露台に出る三つ目の階段があって、ハッチを開けてその上に出ると、唐松林を越えて浅間山が見える仕掛けになっていた。木が茂り過ぎて冬でないと見えなくなったけれど。もう一つつけ加えると、居間から屋根裏部屋への急勾配の階段側面には、側板の下に三角の扉が「けんどん式」でつき、それを開けると細かなものが置けるようになっている。

便所の扉の幅は、四五センチで十分という吉村先生のこと、無駄なく空間を使おうとする執念があった。フランク・ロイド・ライトの設計したカリフォルニアの「ハナ邸（一九三八）」の廊下は二一インチ（五四センチ）で、アメリカの「プルマンカー」の寝台車の廊下が二六インチ（六六センチ）だからと、幅広くしなかったという話もあり、両人とも寸法にこだわった建築家であった。

に

その2 二階はいらない（和田邸／一九五六）

No.6

　自分で初めて設計したのがこの「和田邸」だった。東京芸大在学時代の油絵科の友人で、鶴岡出身の一年先輩の和田は、卒業して結婚したから家を欲しくなった。親の金だと思うが、当時はまだ見渡す限り畑が拡がる、杉並区の上井草に土地を買い、最小限の住宅を建てたいと相談を持ちかけられた。レーモンド事務所で二年目を迎えたばかりの頃で、まだ実務の経験はない。事務所で図面を描いてはいたけれど、当時は、教会の聖壇の設計しかやったことがない。

　単純な架構の家なら見様見真似でできると、高を括って引き受ける。三間×四間で一二坪の垂木構造の最も単純な設計にした。当時、レーモンド事務所には精鋭の増沢洵がいて、その頃、有名な最小限住居「増沢自邸」を発表していた。その住宅が三間×三間の九坪、中二階が六坪で一五坪である。吹抜けがあって縦板張

和田邸、建前の日

り、切妻屋根の単純なもので、増沢の名を一挙に高めた出世作だった。

といって真似をするわけにはいかないから、同じようなレーモンド流であっても、やや重厚な感じを狙ってもいいじゃないかと考えた。そこで庇の出の大きい垂木構造の、縦板張りの切妻を考えた。ところが建主はのん気で、あまり細かいことはいわない。夫唱婦随で奥方も同じ。切妻を三間方向に架けるか、四間方向に架けるか、随分悩んだのを記憶している。南側が三間引違いのガラス戸だから四間側に切妻を見せて、深い軒ということにするまでに半年もかかった。

一二坪を切妻のいただきでふたつに分けて、南六坪がアトリエ、北側にふすまで仕切った寝室があり、その一部に厨房を置き、玄関、浴室、便所は四尺五寸毎に仕切って西北の隅に置いた。これで鬼門を除け、西北隅に汲取り便所もできた。水まわりは一か所にまとめ、寝室と玄関を固定のクローゼットで分ける。切妻の棟一本を三間渡すのは忍び難く、家の中心に一本の大黒柱を立てた。実はこれが浅はかだったと後でわかる。増沢も建てた後で、中二階を支えるのに一間毎の柱を二本置いて悔やんだというが、その頃はまだ知らない。

増沢と同じ頃にレーモンド事務所にいたといっても五年も先輩、しかも有名になりかけた人には気軽に声はかけられない。その上、勤めていてアルバイトで住宅を設計していることなど所内では内密が普通で、ばれたらくびかもしれない。それなのに、増沢の場合は「自邸」だったからよかったのだろうか。それればかりか、DOCOMOMO 二〇選で拾われた「コアのあるH氏のすまい」は一九五三年に完成し、建築雑誌に載せてノエミ・レーモンド夫人の言葉まで頂いていたから、所内でもどうしてこうなのか不思議がられていた。

友人で建主の和田はアトリエだけあれば仕事ができる、将来のことはまだ先だといっていたが、北側の増築は考えていたらしい。敷地は五〇坪余あって北側に三間の余裕を見ていたから、そこに子供室を建てるつもりだったろう。だから二階は必要なし、載せるつもりもなし。垂木構造にしたのは、その二階のつもりがなかったからであった。垂木は棟木に載せれば良いから、一・五間を一・五尺間（四五センチ）に置き、一・五寸×四寸（四五×一二〇センチ）の寸法で、西の側面に背四寸の垂木が見えて、それがやや重厚な感じとなる。すべては思い通りにいって完成した。

担当の棟梁に、「これで出世の一里塚ができましたね」とか、おだてられてすぐその気になる浅はかさ。最初の設計だから失敗すると大変だが、奏功してとにかく若夫婦は入居して大満足だった。こうして無事に初仕事は終わりになる。

ところが世間はそううまくはいかない。実際にはその五年後に、二階が必要になってきた。二人の子供が育てば、二部屋が必要になるのは分かっていた。とにかく事情が変わって二階が必要になった。そこで助かったのが、一二坪の中心にあって邪魔だと悔やみ始めていた大黒柱で、二階増築に大いに役に立つことになった。世の中はとんでもないことも起きる。裏への増築予定が変わって、二階を欲しくなることもあり、だから助かったのである。

ほ

方位を考える

No.7

「方位」については、一年間続けた「女性建築技術者の会」のアントニン・レーモンド講座で、彼が日本の「方位」を大切にしたという話を度々していた。しかし講座ではあまり具体的ではなかったから、要点をここでとり上げたい。

レーモンドが「方位」について苦い経験をしたのは、「後藤新平邸（一九二三）」を設計した折のことであった。後藤新平は内務、外務大臣を務めたあと、一九二〇年に東京市長になった。その二年後に「星商業（一九二一〜四）」に満足した建主の星一（はじめ）が、後藤にレーモンドを設計者として紹介し「後藤邸」が麻布に建てられた。偉い人で即決の士であったそうだが、平面図は必ず易者に見せていたために設計にクレームがつき、大変に苦労したとレーモンドの『自伝』に残されている。

ここで彼が覚えたのは「鬼門」だった。それは「北東の隅、鬼

A・レーモンド「後藤新平邸（1922）」居間

の精のたむろする所」であるが、設備部分や水まわりを置かないことの配慮である。また四段の階段は「死」に通ずるから三段、死者以外はベッドの頭を「北向き」にしないこともここで習得した。しかし苦労した甲斐あって合格し、コンクリートの庇の反り返った不思議な住宅ができた。この住宅は満州国領事館になり、戦後は中国大使館になっていったから、いわば「出世魚」にも例えられる建築であった。

次の経験は一九三四年に完成した「川崎守之助邸」であった。長男守之助の住宅を依頼するにあたり、銀行家の父親がうるさかったらしい。まず耐震、耐火、防犯が完全であること。本邸と蔵まではRC造でレーモンドが設計したが、それと同じ建坪の和風部分である使用人の住居は、日本の建築家が別に設計した。本邸の「方位」を確かめるのに、平面図の中心を出すことが求められ、レーモンドは平面を切り抜いて糸で平らに吊り、「重心」を指定する。その「重心」から「方位」が割り出され、玄関、書生部屋、書斎、水場、そして蔵の位置が求められ、さらに細部に及んだと聞かされた。

レーモンドは日本の伝統建築が南面を開放し庭と結びついていることを、ここでも実行しようとしたが許されず、防犯のために格子つき窓を多くして、床までのガラス戸は制限された。そこで主屋の中心部に中庭をつくり、それをガラス戸で囲んで自然とのつながりを確保せざるを得なかった。中庭に水を湧き出させ、庭に導いてプールをつくるなど無理があった。しかし彼は建主に忠実で、日本の風習を理解したものと満足し、それを『作品集 1920 − 35』の序文に書いている。

その一方、ブルーノ・タウトの『日本　タウトの日記 1935 −1936 年』（岩波書店）には、川崎家の次男の住宅の設計を、同じ父親から依頼される話が出てくる。タウトは父親に会い、次男を交えて話し合う。そして日記に「ところで川崎氏が私の仕事に対して一度も〈有難う〉といわないのはどうしたことだろう」とある。次男に尋ねると「父は外人の建築家に懲りたことがある」と返事がかえってきた。日記は「守之助邸」完成の翌年だから、レーモンドのことを指していることがわかる。苦労したにも関わらず、誠意はあまり通じていなかったらしい。ついでだが、タウトの日記では父親が地震を恐れ「必要以上に堅牢にしてほしいという、すると私の設計図はこの点ではまるで〈冗談〉みたいだ」と告白しているから、案を出したがとり入れられなかったのである。

レーモンドにとって「方位」は、迷信からくるものではなかった。彼は本気で日本の風土、気候が建築をつくり「家は庭に生えた茸のようなもの」というくらい、大自然の一部であると考えたからである。春夏秋冬の変化に敏感で、地震、雷、火事を恐れず、再び立ち上がって家をつくり直している日本人を、度々の地震や火事の際に見たのであろう。だから南を開け夏を旨とした家が正しいと思い、「方位」を気にするのはその背後に歴史的事実や、気候的配慮が加わっていると推量したのである。

「夏は涼しい風をうけいれ、冬は家を温かくする唯一の方法、太陽をいっぱいに入れる。換気に必要な開口は北に置き、何もかもかびてしまうのを防ぐ。同時に、庭の日蔭にあたる部分の眺めをとり入れる。われわれの計画は、全く理論づくめの、このような伝統をたよりにしてきた」（レーモンド『私と日本建築』SD選書）

へ 部屋か便所か No.8

「いろはに……ん」と建築の何かを拾いあげて、それらが建物や住宅の話に有機的につながるようにしたいと最初に書いた。「いろはに……ん」と唱えても、「と」がどこか「り」がどこにあるのか、具体的な順序と位置がわからない。そこで改めて五十音順の「あいうえお」に並べ換えてみた。

「いろは」順の言葉を五十音順に変えると、あ行に「家」があり、「内法」「縁側」などが並び、それぞれが「家」の一部であって、有機的に完成する、などとうまくいくことを考えていた。しかし「あ」も「お」もうまくつながらず、いたずらに書きたいことが出てきてしまう。

もう一つ困ったのは、今回の「へ」のように先に頭の中に参考にするつもりであった、ある本が記憶されている場合である。当初は「いろは」の各文字に当てはまる何かが本にあって、ヒント

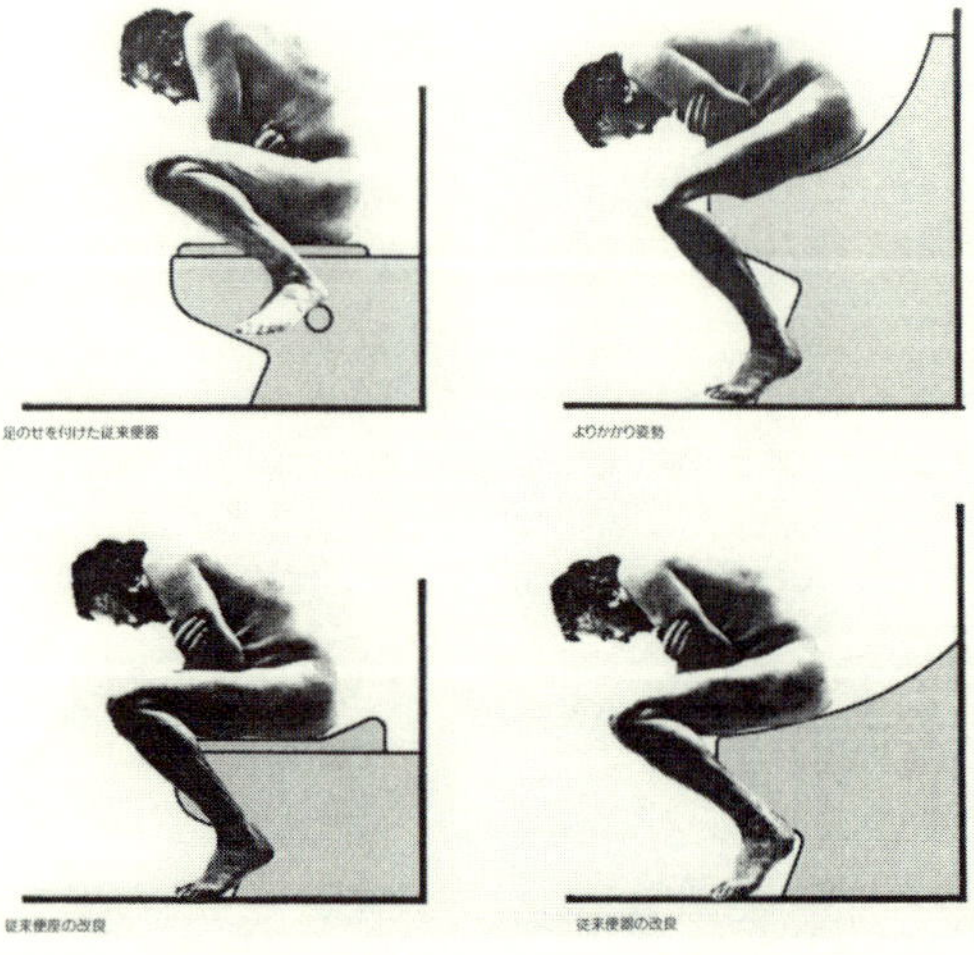

しゃがみ姿勢の改良実施例
出典／A・キラ『THE BATHROOM バス・トイレ空間の人間科学』1989, TOTO出版

をくれるものと浅く考えていた。もちろん『語源辞典』とか、『広辞苑』もその一つである。だからといって辞書を使って困った時に人びとがやるように、「辞書にはこうあって、察するにこうである」などとはやりたくない。改めて各語に関連する本を探し始めたら、今度はそれを読むのに忙しい。そしてつまるところ、必要な有機的関係は出てこない。

「へ」にあたって、頭の中には博学の海野弘の著書『部屋の宇宙誌』（ＴＢＳブリタニカ）があった。頼りになると思って、最初に「部屋」と決めたのがいけなかった。この本にはちりばめられた洋風知識が満載で、まったく知識のかたまりをひもとくような「ひけらかしの典型」であった。もっといけないのは著者が「部屋」から始めて、「劇場」「庭園」「広場」と、自分の得意分野に広めて「空間のフォークロア」などに拡大するつもりとあり、そのための予行訓練だとあってまずかった。まずい理由は、この本が人に知識中毒を起こさせるところがあるからである。

サブタイトルは「インテリアの旅」とあって、マニエリスムの部屋、バロック、ゴシックの部屋があって、彼の好む骨董家具に埋もれた部屋だから困る。それに一つずつ映画が出てきて、それからの引用があったりする。読むには良いけれど、「住まいのいろは」にはならないことがわかってくる。

せいぜい引用すると、「部屋」はルームで場所の意、何かを入れるため、日本では「間」であり、畳の大きさで「間」が決まる。フランス語はシャンブル、英語のチャンバーで、「部屋、特にベッドルーム」である。シャンブルはラテン語のカメラから来ていて、写真機のカメラとはカメラオブスキュラ、つまり暗箱と呼ばれていた時代の名残り、という具合に章がつながってきりがない。だから最初に「本が頭にあって」は、間違いだった。

「部屋」と並んで「へ」には「便所」があり、これは家づくりには欠かせない。だからどちらかを選ぼうとしていた。「便所」であれば参考書はたくさんある。その中のハイライトは『THE BATHROOM　バス・トイレ空間の人間科学』（TOTO出版）、これは一九六六年にコーネル大学のアレクサンダー・キラの書いた本である。昔、この原書をカリフォルニア大学の図書館で借りて以来の馴染みで、これが紀谷文樹の邦訳でTOTO出版から、一九八七年にようやく出された。

この本の楽しい所は研究が密で、排尿の男女の姿勢が示されたり、しぶき範囲の調査から便器のサイズ、形が示されるなど、得難い部分にふれていることだ。だからTOTO出版が手を貸したのは、大変に意義のあることだった。

といってこの本を手許に置いて「便所」のことをのべても、内容を知っている方には迷惑な話であろう。表題は『THE BATHROOM』だから「便所」に限らず、「浴室」や浴槽、そしてバスタブの中の男女の姿勢がここでも示されていて、角度や楽な姿勢をつくるための浴槽づくりには具合がいい。つまり考えればこれらは「部屋」の話ではなく、「便所」の話でもなく、浴槽・便器の話が主であったと気がついた。実の内容にはほとんどふれないで、単なる言葉の紹介になってしまったようである。どうもうまくまとまらない話ばかりで恐縮する。

へ その2 へやはひとつ(G邸/一九五八)

No.9

レーモンド事務所に勤めていて、アルバイトでもあればこれ幸いと夜なべの仕事で、設計料を暮らしの糧につぎ込んだ。八年間、麻布の「笄町の自邸」に通って、その間に一〇軒以上は建てた。事務所の中で構造や設備担当の所員にお願いして、その部分の設計をして貰ってまとめるのだが、なかなかやりにくい部分もあった。

ところが、こちらから頼んで設備図などをお願いしているうちに、当の設備技術者のGさんが自邸をつくることになり、設計を依頼してきた。この場合だけでなくて、構造技術者から「アルバイトで図面を描いてくれないか」ということもあり、その場合は構造図は当人がつくるが、意匠一般図をそれなりにまとめる仕事があった。構造が主な大きなコンクリート造のパーキングで、一般図だけでも大層な仕事量だったと記憶している。この場合、確

G邸南西面

認申請書のためにに書類をつくったり、役所の交渉は別の人が助けていたと思うが、アルバイトといってもピンからキリまであった。

さてGさんの場合、横浜の東急線菊名駅から歩いて一〇分位の所に敷地があった。現在の菊名駅から一〇分は大した住宅地になっているが、その当時はまだ畑の中に住宅が点々とある程度だった。敷地も舗装なしの道路に面し、敷地を見に行った時も、雨の日でぬかるみ、そのあと雨の日に現場監理に行った時も、泥だらけになった。

問題はいつもの全体構成で、予算額に合わせて間取りを決める。同じ事務所に勤めていても、所内では打合わせができない。夜になって自宅へ出向いたり、喫茶店で会って打合わせたり、随分時間をかけた。とにかくこうして次第に図面ができ上がる。先方の要求を聞き、こちらの案を提示するわけだけれど、いつの間にかこちらの案を先方が気に入り、ひとり歩きすることになった。

地形上からそうなったわけでもないが、スキップフロアの一室空間ができ上がり、それを進めた。玄関は居間の一部になるが、その玄関には地面から階段を六段上がる。つまりコンクリートの約一・二メートルの基礎で持ち上げたのである。居間に入るとスキップフロアの全空間が見える。二間×三間の広がりと高い天井、そして西側に六段降りると厨房と水まわり、加えて裏口。この部分は土間コンクリートの上にプラスチックタイルの仕上げとする。居間から七段上がると二つの和室があり、居間との間はふすまで仕切り、二つの部屋は押入れで仕切る。三帖と六帖で広い方が寝室で、狭い方は納戸だった。

居間に坐ると厨房も寝室も一望で見渡せるから、狭い空間ながらまことに広く感ずる。だから建主はこれで良いと思ったし、設計した当人もこういう空間がつくりたかったと、あとでは考えたりした。内部はレーモンドスタイルの、ロータリーベニアの壁で天井あらわし、構造あらわしとした。しかし外部は真壁漆喰で柱が見え、腰には横板を張って泥の跳ね上がりを防いだ。切妻の屋根は棟でこの空間の仕切りとあわせ、居間の方向に大きく寝室の中心を棟にして形を揃えて、和風仕上げといったところか。

しばらくこの一室空間のスキップフロアは、当初の考え方通りに住まわれたが、やがて使い方が変わっていったらしい。居間にベッドを置いて寝室化したということを聞いたが、それが本当だったのかどうか。そうなった理由を聞くこともなく、家族内の変動が元でそうなったと伝わってきた。それもこの住宅の完成後、数年してから私がアメリカに行って留守にしたこともあり、改造したくてもできず、レーモンド事務所内の友人に増改築を頼んだという風の便りがあった。

ということで、その後の改造案を聞くこともなく、帰ってきてからもそのことを聞けず、結局はどうなってしまったのか、わからなくなってしまった。設計という仕事、これはプライバシーの問題にふれるし、家族間の揉め事や夫婦間のあらゆる私的な面に立ち入ることになる。難しい仕事だがそれをつなぐのは人間性と寛容性で、それが足りない設計者は次第に疎んぜられるということか。

と

「床の間」を考える

No.10

　学生時代に日本建築史を、東京大学助教授だった太田博太郎から習得した。習得できたかは別として、その学期の終わりの試験代わりのレポートに「床の間について」が出題された。図書館に坐って参考になりそうな本を書き取り、それをまとめて提出したら「優」だった。当時「優」はあまり取れなかったから、ありがたかったのを覚えている。

　それから幾年か経って、一九七八年に岩波新書『床の間』が出版された。その冒頭に「普通の住宅で床の間がないことは考えられなかった。大正年間〈床の間〉無用論が叫ばれ、実用性のないことが槍玉にあがった。第二次大戦後は濱口ミホの〈床の間は日本住宅の封建性を象徴するものだから廃止せよ〉という主張もあった」とのべられている。

　濱口は『日本住宅の封建性』（相模書房）を出版し、当時広く

浄土五祖像礼拝図の押板（法然上人絵伝）
出典／太田博太郎『床の間』
1978，岩波新書／岩波書店

読まれて、非常に話題になり、同時に論争も起きた。この『封建性』の中の一章に「床の間追放論」があり、さらにそのあとに「玄関という名前をやめよう」という過激な論が展開されている。日本の住宅は機能ではなく、格式とか社会性から間取りが決まったという説き起こしで、戦後の制度をたしなめようとしたものである。

さて本論は「床の間」である。今では「床の間」が室町時代には「押板」と呼ばれ、今の形とは違っていたということは大体知られている。室町時代の「床の間」とは上段で、茶室には花や掛け軸のための「床の間」があったが、普通の「床」とは「寝床」つまり寝るところである。

「押板」は書院造りで仏画を掛け、燈台、香炉、花瓶を飾った場所であった。「押板」が「床の間」の前身であり、現代の形は江戸時代の初めに始まった。光浄院や勧学院など、桃山時代の園城寺の書院は押板を持っている。間口が広くて二間もあり、なかには二間半、三間のものもあり、奥行が浅く二尺、その上の「押板」は畳から少し上がって一〇センチ以上の厚い板であり、加えて「押板」の背後に壁画がある。これが茶室の「床の間」の位置になり、言葉が変わり時代を経て客室の一段高くなった「とこ」が、「床の間」に変わっていった。

普通の「床の間」は開口が一間、奥行が半間、畳一枚分である。「部屋が広くなると、間口は広くなるが奥行のほうは変らない。前に柱ぐらいの太さの材が横においてある。これを床框といい、古いものでは黒漆塗りとする。床框があるので、床の間は普通の畳のところより床框の太さ（約一二センチ）だけ高くなり、上に板を張って、正式にはここに薄縁（うすべり）を敷く」

このあと、太田は「違棚」と「落懸」をのべ、天井や壁について定義しているけれど、これが江戸時代の「床の間」の形。最後に現代の「床の間」にふれ、再び濱口になる。

「床の間が生活に潤いをあたえるものであるならば、〈客間にではなく、家族の生活の場である居間になければならない〉という浜口ミホの床の間追放論は至極もっともである。しかしそのためには、接客方式の転換が真先に必要である」

ここでは省略したけれど、「押板」が「床」を経て「床の間」に変化していく歴史的記述は長い。とりあえず簡単に定義したり、移ろいをまとめた。今では座敷を畳の和室にする時にのみ「床の間」が出現し、LDKの中では必要なくなっている。しかし前記したように「生活に潤いを与える」ものがLDKに必要とあれば、「床の間」の精神を引き継いだものとして何かが出現してもいいであろう。

またしてもレーモンドを持ち出すが、今はなくなってしまった「麻布の自邸」の寝室に、丸太の柱と合板の棚板を七五センチの高さにおさめた「床の間」と呼ぶ、飾り棚があった。そこに彼は青磁の壺を置き、時には「はにわ」の馬を置き、背後に書をしたためた屏風を壁にぴったりと張りつけていた。この部屋はベッド二台の寝室で日中はソファに用い、雨が降る時は中庭にいつも置く食卓を引き込んでここで食事をした。いい換えると四帖半的な多機能であり、食寝非分離であり、そこに飾り棚の「床の間」があったことになる。

ち

ちゅうぼう・厨房

No.11

「厨房」は、「居間」や「寝室」などと同じく住宅の一大機能であり、それを問題にしようとするのは失敗だとわかり始めた。以前も「居間」はやばいと思って、「家」という抽象論に切りかえている。「厨房」はF・L・ライトがユソニアン住宅で「ワークスペース」といったほど、人の働く中心の場所である。あるいは「床の間」でも引き合いに出した濱口ミホが「台所」はずっと封建制度の象徴のような場所だと指摘している、代表的な「いろは」の場所である。

どれを参考にといっても、住宅を問題にするからには「厨房」にふれない本はない。それに「厨房」といえば率からいっても女性の方が詳しいだろうし、料理のできない男性にとっては、論ずることも不可能の場所であるような気がする。しかし高級料亭はいうに及ばず、酒場にしてもレストランにしても、料理人は男性

厨房の細部
出典／『水まわり読本』1982, 伊奈製陶

の方が率が高い。つまりプロは「厨房」に詳しいし、男性とて負けてはいられない。

だがここではどこかで読んだ「男子厨房に入らず……」を楯にして、抽象論の「厨房」に入ろう。現実的でかつ実用的な「厨房」は、やっぱり歯が立たないと思われるから逃げたい。そこでもう一度、濱口の『日本住宅の封建性』に戻る。彼女は最初から台所にふれ、「なぜ台所は都市住宅の中にあって他の生活空間よりも一段と格式の低い生活空間であるか」を疑問として、それを解明しようと試みている。戦後の女性解放、差別解放、自由と民主制の謳歌の渦中にあって、女性の立場から激しい論陣を張ったのである。

昔の武士の家や貴族の家では、台所や食事をつくる「台盤所」といった場所が、「召使の場所」として性格づけられた生活空間だった。つまり召使の働く場所であり、かつ食事する空間として位置づけられていた。だから「武士の家、貴族の家における性格が台盤所→武家の台所→都市住宅の台所と系譜を辿って、現代のわれわれの台所にも消えないで伝わってきている」と位置づける。しかも農家の台所は土間と一体になっていて、土間は立って煮炊きする場所であり、台所はゐろりと一緒で家族の食事をする場所であるとのべている。「召使の場所」としての台所は、「農民家族そのものがいわば召使の身分であったが故に、召使の場所がそのまま家族の場所となったのであった」と断定している。

だから「召使の場所」である台所は、茶の間その他の家族の場所としての生活空間にくらべ「必然的に格式の低いものと見做されることになる。これが現代の都市住宅の台所が家の中において格式の低い生活空間であることの由って来る所以である」と。

封建制度の方はこれくらいにして、次に現代の「台所空間学」に入ろう。こんな造語をしたのは、GK道具学研究室室長の山口昌伴である。彼は一九三七年生まれ、GKインダストリアルデザイン研究所に入り、所長の栄久庵憲司の指導のもとで「現代台所学」を研究、発展させた。GKの栄久庵といえば、東京芸大一九五五年卒、インダストリアル・デザイナーである小池巌教授のもとで修業し、そのあと先生の頭文字KGをとって同級生数人で会社を起こし、有名なヤマハバイクやキッコーマン醤油差し、そして数々のIDで成功を世界に広めた。

そのID界で山口は「台所道具の歴史」を追究し、「勝手道具自動化の系譜」とか「家事教科書にみる暮らしの美意識」などの論文で台所の設計を合理化し、ID化することに貢献してきたようだ。「ようだ」といったのは、会ったことがないからで、親分の栄久庵は同級生として付き合って、人柄も能力もよく知っているし、彼は広島の「地獄寺」の住職で、広島でその寺を訪ねたからでもある。

彼らの日本の台所への評価は、栄久庵の「幕の内弁当」と同じ発想である。日本の「厨房」は世界のあらゆる料理、和風に始まり、中華、インド、洋風のすべてを料理できる、それぞれの道具と料理を生み出す設備と、それを食卓に並べる器に至るまで揃えているという評価が生まれることになる。まことに日本の「厨房」は「幕の内弁当」にも似て、簡便にしてバラエティに富む臨機応変の場所である。

り

陸(りく)と書いて「ろく」

No.12

陸は「りく」と読むのが普通であろう。しかし建築施工の世界では陸は「ろく」と読む。これが実に難しくて、誤解を招いてきた。だからとりあげたい。誤解を招いたといっても、一般的な立場でそうであったかは知らない。ただ、私の場合「陸屋根」とあるのを「ろくやね」、「不陸」を「ふろく」と発音すると、聞いている普通の人びとが「おかしい」と感じ、訛りか方言かとでもいうような顔をされることがあったからである。

これが施工現場だったり、プロ同士だと「ろくやね」とは水平の屋根のことだとすぐわかり、普通の会話で通ずる。これはこの「陸」だけでなく、施工に関してはプロのみに通ずる隠語のような言葉が多いことからも、無理のないことといえる。「ろく」とは水平のことで、「ろくやね」を「りくやね」と発音すると、建築現場ではたちどころに初心者だということがバレてしまう。特

F・L・ライト
「ジョンソンワックス社管理棟(1939)」内部

に「不陸・ふろく」の場合が甚だしい。

『建築馬鹿』などの著書のある、ペンネーム矢田洋は、雑誌『室内』に建築用語の「動物篇」を続けていて、「昆虫篇」もあるが、動物は雑誌『言語生活』で「建築用語を漫歩する」にまとめた。コンクリート打ちの手押し車は「ねこ」、走る足場は「ねこ足場」、その架台は「うま」、荷を揚げるのが「クレーン(鶴)」という。簡単なクレーンを「坊主」、小さいクレーンを「猫坊主」、坊主の先にとまっている滑車が「せみ」、坊主を引っ張る控え綱を「とら」と続けて、飽きさせないのはこの人の特色だろう。

同じく建築用語には「蝶番」あり、下げ緒が「とんぼ」、そのほかに「犬走り」「忍び猿」「たこ足配線」「狸掘り」、さらに「猿梯子」「猿戸」、自在鉤の「猿縄」、その姿から「猿頭」、「猿頬」があり、地固めに西洋のランマーは日本では「たこ」「たこつき」、「ブルドーザー」とは牛を眠らせるものの意、というように細かく説明している。

いわば「サブカルチャー世界」だが、職人用語の世界は狭いのが難儀である。これを一般社会にもち出すと笑い話になる。『建築語源考　技術はコトバなり』(鹿島出版会)という本まで出したのが、横浜国大建築学科教授だった飯塚五郎蔵である。「電話で工事の打合せをするときも、コトバがよく通じることが大切である」。例えば「やり方の心墨はどうやって出しているか」「トランシットを使っています」「大矩(おおがね)も併用してはどうか」という具合の話を紹介して、プロの疎通はコトバだという。

さて「ろく」の話。「陸墨・ろくずみ」「陸屋根・ろくやね」くらいしかないけれど、「ろく」を正確に出すことは、施工の中でも最先端技術になる。建築家の増沢洵は、レーモンド門下の俊秀だった。彼は「レーモンドさんがいっていたけれど、本当に水平な陸屋根だったら雨は漏らないんだよ」と話してくれたことがある。それは一理ある話で、本当に水平で防水さえしてあれば、雨は「ろく屋根」の上に溜まる。そして平均して樋や軒から落ちる。防水が不足なのではなくて、一か所に雨が流れるような勾配になると雨漏りの原因が増える。

そういえばF・L・ライトも、水平の屋根を強調していた。例えば「ジョンソンワックス社管理棟」の有名な茸型の柱の上にある屋根は、上に二〇フィート（約六メートル）の円盤が花びらのように拡がり、柱の中心を樋が通る。花びらと花びらの間はパイレックスのガラスチューブがふさぐ。それが水平に施工されていれば「ろく屋根」として雨は盛り上がり、自然の原理に従って円板の中央の孔に吸い込まれ、縦樋を通して下に流れるはずであった。しかし完全な「ろく屋根」ではなかったためか、ガラスチューブの施工が難しかったためか、雨は確かに柱の中心に向かって流れたが、その途中のガラスチューブの間から漏れて、下の執務机に落ちた。雨の降る日はバケツを机の脇に用意するのが、あの屋根の下で働く女性たちの日常の準備であったという。

「陸・ろく」にできない、つまり水平にできない人のことを「ろくでなし」という。これが普通の会話で通ずるようになるといいのだが、未だに人前で「ろく屋根」とか「不陸・ふろく」というのをはばかりがちなのは、考え過ぎだろうか。

り

その2 陸屋根を設計したい（O邸／一九五八）

No.13

「いろは」を良いことにいつも文句をつべこべぬかし……という声が、そろそろ聞こえてきそうな気がしている。そこでひとつ先手を打って「いろは」の各項を増やし、実際に建築を示せたらもっといいのではないかと。それに自分で設計した住宅の写真をつけたらどうかも考えた。だからこれからは「いろは」語りの息抜きとして、時々余興を入れよう。

その手始めは「陸屋根」である。平らな屋根の近代建築らしい住宅を設計したかった頃のこと。レーモンド事務所に勤務していた一九五八年に設計を進め、その年に完成したのが「西宮のO邸」である。もちろんこれはアルバイトの設計だから表に出せるものではなかった。

事の次第は製図板を並べて働いていた、同期に入社したM君の持ってきた仕事であった。彼は関西の出身ではなかったが、友人

O邸南面

が不動産会社をやっていて、西宮の新しい団地を開発していたから、幾つか頼まれて住宅をこなしていた。その中の一つが当時としては珍しくRC造を要望の建主であったが、入って三年目の彼にはRC造の住宅の設計法がまだよくわからなかった。案を持っていったけれど気に入られず、困って私に相談してきた。「それじゃコンペということにして、君と私の二案を持って行って決めてもらおう」ということになった。

事務所の給料だけでは足りない頃だったので、仕事があれば、家に帰ってアルバイトに励んでいた。有名なF・L・ライトも、かつてルイス・サリヴァンの事務所で働きながら、六人の子供を養うために近所の住宅の設計をして、それがばれてくびになったことがある。またその弟子で「帝国ホテル」の設計に携わっていたレーモンドも、ヴォーリズ事務所の友人と結託して、ライトの助手をしながら、東京市内の教会や東北地方の宣教師館を設計したことがあった。これも同じようにライトにばれて、来日してから一年目にくびになり、「ホテル代は払わなくていいけれど渡航費は返せ」などといわれていたことを聞かされたことがあった。

とにかくM君は関西に行き、「西宮のO邸」を設計すべく働きかけた。コンペティション（設計競技）の結果、私の案が気に入られて即刻契約して設計に入った。私の案はL字型の平家で、どうしてもフラットルーフの「陸屋根」がやりたかったのが当たった。先方はその時はいわなかったけれど、後になって「陸屋根」の上に木造の平家を建て、団地周辺の眺めを得ているから、最初から「陸屋根」に目をつけていたに違いない。

当時のレーモンド事務所では木造の切妻が多く、いわゆるレーモンドスタイルでほぼ統一していたから、M君の案はそれをそのままRC造に仕立てていたため、それもあって「陸屋根」に決まったと思われる。平面も違っていて、レーモンドスタイルは内庭のある矩形平面が多く、私の案はL字型だった。L字といっても逆さでΓ字といった方が正しい。とび出た先のリビングの二面がガラス戸で、内懐に池を作ったのが良かったのだろうと今は思う。しかし何とも厚い屋根とひどく重い庇である。あの頃はやや重いコンクリート打放しが多かったから、時代の反映ばかりを気にしたものらしい。

とにかく出来上がる少し前に、設計監理を兼ねてM君と一緒に行った記憶がある。建主はことのほかの喜びで、その後の何年も年賀状のやりとりがあった。気に入られて気分を良くしていたが、ある時に二階をつけた写真が送られてきて、がっかりしたのを覚えている。確かに二階の増築案は提出したと思うがそれとは随分違っていて、もう取り返しがつかなくなっていた。もちろん階段を内側から昇れるようにしたのだが、建主は裏口から鉄骨の外階段を昇り、畳の部屋のほかに寝室の上あたりに大きな温室を載せてしまっていた。

若書き的な住宅といえば聞こえが良いが、とにかく監理任せ放しでそれも細部まで手を入れていない。プロポーションも悪くて、とても見せられるデザインでないことはわかっているけれど、恥さらしをすることにした。「陸屋根」は、とにかくできたということになる。

ぬ

貫(ぬき)、通し貫

No.14

自分でタイトルを選びながら、「厨房」と同じくその選択に難しさを感じている。わかりやすくて誰にも理解できることをモットーとしているのだから、その内容をどう説明したらいいのか、あるいはタイトルの選び方が悪かったのか、今では本当に苦労するようになった。

従ってここでも、文献を借りてごまかす。最初は『建築とまちづくり』(新建築家技術者集団)二〇〇二年七月号の「木の建築文化論」からの引用で、書いているのは有名な建築家の広瀬鎌二である。この方は鉄骨住宅設計の権威だが、珍しく木の建築について卓見をのべているので、それを引用したい。もちろん「貫」についてである。

六世紀末に朝鮮から入った仏教建築により、それまでの掘立て小屋や草葺き屋根が変わり、礎石のある瓦葺きになる。この掘立

法隆寺伝法堂側面(8世紀中期)
出典/彰国社編『伝統のディテール』1972, 彰国社

て柱を、礎石のあるいわゆる礎石立てに変えたのが、東大寺の鎌倉時代の再建で知られる僧重源であったそうだ。重源は東大寺南大門の建立に尽力したが、その構造のうち「貫構造」と「差し肘木」を用いたことが有名で、それだけでなく建築を耐震化することを考えたから知られるようになった。

中でも注目すべきは床構造で、高床にすることによって床構造を本体と一体化させ、柱のもとを固めて掘立てのように自立させ、その結果が耐震構法となった。この重源式高床構法は仏教建築に採用されたが、室町時代には一般住宅建築にも「貫」と「高床」とが欠かせない構法となり、わが国の特徴的な形式の元になった。掘立ては地震には強かったけれども、柱脚が腐りやすく長持ちしない。ところが重源の生み出した高床は、地下に埋める分を高くして床下を固めれば良いので、掘立てと礎石造の長所を兼ねた理想的な構造で、それを誕生させたのである。

建築基準法で布基礎はコンクリート、その上に土台があり柱を立てることになっている。しかし外壁を伝わる雨は、土台に水を溜め早く腐らせる。これを改善するには布基礎をやめて柱を床下までのばし、大引、足固め、貫で固める七〇〇年前の重源式に戻ることである。

さらに建築基準法は「貫」でなく、「筋違い」を強要する。「筋違い」はトラス構造と同じく、建物を箱として固める発想である。これに対して「貫」は、壁のある所に幾か所も入れられる。必要に応じて硬軟自在に処理できるから、人間的な感性に近い。「貫」は水平材だから地震でも「筋違い」と異なり、柱を引き抜かれることもない。桁を持ち上げられる心配もない。

ここまでは広瀬鎌二の主張で、そこに「基準法は欠陥だらけ」というポイントがある。ところが構造家の増田一眞も、事あるごとにこれと同じことを繰り返してのべている。

くどいといわれる向きもあるが、彼の主張はまことに明瞭で、まず基準法でいう木構法を「在来軸組」といい、昔からの方法を「伝統木造」と区別する。自ら唱える新たな合成構造を「新伝統木造」と呼ぶことに始まり、あらゆる見方から「在来軸組」が「伝統木造」より劣ると指摘する。

「在来軸組」は、筋違いの軸力に対する抵抗しか認めていないから異常である。それに加えて「在来軸組」は数本の筋違いだけが揺れに抵抗し、他の材は遊んでいる。そして「在来軸組」は「伝統木造」の「足固め」「胴差し」「差鴨居」「通し貫」など、水平材を追放してしまったばかりか、「在来軸組」では筋違いが主役だから、そこがやられると崩壊してしまう怖れがある。

「伝統木造」は柱だけで耐力を確保し、その他の水平材で剛性と強度を追加して働く。従って剛性の高いのは土壁、次いで通し貫、差物、さらに地震時に柱脚が礎石から飛びのくことまで加え、いわば多段式の複雑な抵抗によると指摘する。「伝統木造」は世界に誇る文化遺産で、大工の腕の誇りはここにある。また真壁は、木造を耐久的なものにする上でも不可欠である、とまでいっている。

これに加えて、二階建の通し柱は応力集中を起こして折れやすく、意味がないともいう。確かに古建築の重層建築には、通し柱の例はない。私たちが強制されている「在来軸組」、つまり基準法の木造とは一体何であったのだろうか。

る

ルール・建築基準法

No.15

新建築家技術者集団の『建まち』誌は、二〇〇三年の年間企画で「だれのための新制度か」を特集し、建築基準法改正のポイントを解説した。基準法は法律で「ルール・規則」だと考える。規則はレギュレーション、法律はロウだがここでは「ルール」とする。規則とは「入ってはいけません」「吸ってはいけません」と、わかりやすい方が守られる。

ところが基準法は、とかく難解で簡単には飲み込めない。ここではどれほど難しいかのべるが、特に一九九八年に大改正され、二〇〇〇年六月施行の部分をとりあげたい。これ以前、一九九四年の住宅の地下室の容積率不算入の改正により、傾斜地の地下部分の階数かせぎに使われた。また一九九七年の共同住宅の共用廊下の容積率不算入という改正では、外観など構わず実質容積率の増加という抜け道をつくることになった。では今回の改正にはど

L・クロール「ベルギーの大学宿舎(1976)」
出典／W・Pehnt 序文『Lucien Kroll』
1988, Thames & Hudson

んな点にポイントがあり影響があるかである。

大きい変化五点をあげたい。①住宅の単体規制の緩和、居室の日照規定の廃止、地下居室や居室の採光規制が緩和され、木造三階建の共同住宅が準防火地域でも建設可能になった。

②建築基準の性能規定化で、従来の規定が変わり、構造や材料、衛生設備の性能が規定され、耐火性と避難安全性の設計法や検証法が定められた。ただし基準値はそのまま技術的基準として生きている。

③性能規定化に対応した手続き制度として、②を守る確認申請手続きが煩雑になるから、繰り返される標準設計は型式の認定を受けられる。また製造者で技術的生産条件を満たすと認証されて、これがあると確認時の審査が不要になる。

④連担する建築物設計制度の創設。基準法は一建築一敷地が原則だが、一団地の総合的設計を拡大し、既存建築物があって地主、借地権者、行政が同意すれば、複数建築物を同一敷地と見なし一体的規制をする。既存の容積率の余りを隣の建物に移転できる。

⑤建築確認の検査の民間解放と中間検査制度の導入である。建築主事や職員が少なくて確認や検査が不十分になるため、審査能力のある民間機関でできるようになった。

この③の「性能規定化」に関しては理解の困難さに加えて、危惧される問題の幾つかが指摘されている。それらをとり上げた建築家がいるので借用する。

第一は「部材、設備の規定化で住まいの商品化が進み、日本の伝統木造技術が衰退するのではないか。

全国一律のプレハブ化が進みはしないか」という問題がある。従来の仕様規定が残されて救済手段はあるが、全国的なプレハブ指向が進んでいる。大手メーカーが、高利潤をあげていることからもいえる。

第二は「伝統的木造住宅の担い手の中小工務店や、設計事務所の仕事が減少し、大手のメーカー、ゼネコンが市場を確保し、自分たちの構造システムの参入が進む」問題がある。伝統的木軸工法を守る工務店や設計事務所がメーカー、ゼネコンの下請けになる傾向が進んでいる。

第三は「認定材料や工法が、審査、検査、融資を受けやすく、自然素材を生かす健康住宅や、住み手の要望による住宅が敬遠される」問題がある。現在「健康住宅」指向は、差別化されてはいない。

これらの三点の進み具合のうち、住まいの商品化は、「住み手」の立場に立った住宅供給システムを開発すること。次の木造木軸工法の見直しでは、欠点を補う工法、技術を関係者共同で開発する努力が必要で、三つ目は住み手の抱える課題解決に共同で取り組み、互いの信頼を獲得することが必要とある。

このように「品確法」を分析し、『建まち』誌に掲載したのは、新建会員の蔵田力による「建築基準法改正四年間の状況をどうみるか」（二〇〇三・二）で、引用・文責は当方にある。

つけ加えると、事あるごとに基準法が改正され、規制が厳しくなったことは否めない。以前では一九七八年の宮城県沖地震のあと「新耐震設計基準」が強化され、一九九五年の阪神淡路地震では「耐震改修促進法」が制定された。更に二〇〇五年の耐震強度偽装事件に対して、構造設計基準や確認申請の際のダブルチェックなど検査が厳格化し、加えて建築士の業務適正化、罰則の強化などが加わっている。

る

No.16

その2 類は友を呼ぶ（H邸／一九六二）

よくある話だが会社で有給休暇がなくなると、忌引きとして身近な人の葬儀を理由に休みを取る。映画『釣りバカ日誌』主役のハマちゃんは、釣りのために休みを取りたくて身内すべて亡くしてしまい、遂には自分の女房まで死んだことにしてしまう。これと同じではないが、住宅の設計は身内から始まるのが常のように思う。最初は親の家、次に伯父、伯母、叔父、叔母の住宅、長ずると兄弟の家、親戚、姻戚関係からの依頼があって、やがてはどれも破綻するなど因果関係を感じる。

大きな組織にいて給料を食んでいるうちはいいが、何か機会があって独立して事務所を持つ。最初は機縁が運を掴み、先は洋々たる場合が多かろう。しかし時の運もあり、仕事を探す羽目になるとまず親類縁者、特に住宅の場合は前記のようになる。うまく運んでも身内はわがままがいいやすく、当方のつむじ曲がりも

H邸北面

あってうまくいかないことが多い。

このように親兄弟の住宅が当初は続き、こんどの「H邸」は、いとこの依頼であった。ひとまわり上で、昔から親しいその彼に呼ばれた。当時の彼は四五才で鉄鋼会社の部長になっていた。旧制中学を出ると大陸の大学に入学したが、満州は新興国で、大学は入りやすかったのか、いわゆる日中戦争の前で満州は技術者を日本から多く呼び、鉄や石炭、そして満州鉄道などの工業は花形だった。鉄道に入社して親兄弟を呼び寄せ優雅に暮らしたが、太平洋戦争の終結を迎えて引揚組だった。しかし当時の企業は、帰国してからも会社の名を変えて再出発し、かつての社員を迎えて新たな発足を始めていた。いとこは運良く元の鞘に収まり、上位についていた。

呼ばれて住宅の依頼を受け、横浜市港北区の敷地を見る。公団の団地も駅西方に開発され、先に住宅地が広がり、造成中のひとつを適地と選んでいた。西下がりで道路側は石垣、展望の良さが売り物だった。東側は道側と同じくらいに切り立って石垣が三メートル余、四五坪の敷地で建蔽率は七割だったが、困ったなんぞといってられない。彼は私と名前が同じだけでなく父方系の母親を持っていたから、性格が似ていて気持ちがよくわかった。夫婦と小学生二人の男の子のいる四人家族だった。とにかく幾つも案をつくって相談に乗り、七案か八案か、半年程かけて最終案になった。

四間が南北、五間が東西、二階は西面に三尺（九〇センチ）を張り出し、二間四間の中二階に洋式寝室、二人の子供室の三室を置く。玄関と厨房つき食堂の四坪八帖分と、南の居間の四坪八帖分をふすまで仕切り、欄間をあけて中二階の見える吹抜けとした。そのふすまと平行する階段をつけ、登りながら寝室の三つの扉と食堂、居間が見渡せるようにした。切妻の棟を西寄りに置いて、吹抜けと東側の水まわり諸機能、南に親が来た時の客間として四帖半をつけた。

二階からの展望は良かったが、東は片流れの屋根と石垣の間が九尺（二・七メートル）だけ。そこは浄化槽と屋根のない将来の車の置場としたが、崖が迫っていて苦しい。南はというと隣地とは九尺の離れで垣根越しに居間も客室も覗き込めた。

外観は真壁づくりで鉄板屋根の緩い勾配にして、腰に横板を張り薄い黒のステイン塗りにしたから、柱と腰が白壁と対比して、高台では目立つ家になった。西側と北側に道があって格好良く見え、その辺り、新築の家がまばらに建つ新興住宅地だったから目立った。それに戦後の一二年目であればモルタル塗りでセメント瓦が多い頃で、真壁の和風はあまりなかった。

問題はこれから先にあった。幼い頃からの兄貴分の家は、いわれる通りに建てて入居になったが、それまでに旧居を訪ねることなく打合わせは喫茶店などだったから、家族と話し合う機会はなかった。引越し後に訪れると、いきなり騒動の場面に出遭わした。子供二人と奥方が、父親と真っ向から衝突、一切打合わせや意見を聞くことなしに、勝手に住めというとはあまりにひどいという怒りが、設計者にもぶつけられてきて、こちらは返す言葉もなかった。親子、夫婦の争いの中で、今さらいう通りにしましたともいえず、ほうほうの体で退散し、爾来、訪ねることもできなくなってしまった。

を

をさまり・納まり

No.17

「いろはに……ん」を選んで困ったことのひとつは、昔の仮名文字「ゐ」「ゑ」「を」が含まれていることだった。今の辞書には出てこないが、幸い手許に大正一四年初版、昭和一六年に七八二版を数えている『廣辭林』（三省堂）があった。これは旧仮名遣いで、この「を」もあって助かった。そこに「をさまり」もあったのである。

「をさまり　収・納」「みいり、とりいれ、収入。かたづき、おちつき、落着」とあって、建築用語ではないけれど「納まり」とは何かがわかってくる。今では「おさまり」だが、旧仮名では「をさまり」となる。その「納まり」は『建築納まり図の実務』とか『おさまり詳細図集』などという本が幾種類も出版されていることからわかるように、図面の描き方の入門書でもある。

ましてや建築家個人の「ディテール」とか、「巨匠のディテール

法隆寺聖霊院内部（13世紀後期）
出典／彰国社編『伝統のディテール』1972，彰国社

集」に至っては、その建築家の考えた最も特徴的な建築詳細図をとりあげて、いかにその巨匠が「納まり」をうまく処理しているかを示している。つまり入門書に始まり次第に練達して考えるようになると、どうすればうまい「納まり」ができるようになるかを、多くのドラフトマンや建築家の卵が考えているか、ということにもなる。

ところがこの詳細図集というもの、それほど起源は古くはない。確かに、イタリアのレオン・B・アルベルティ『建築十書』（一四五二）があり、アンドレア・パラディオの『建築四書』（一五七〇）がある。しかしこれらは古典建築を拠り所にして、その比例や様式やその変形を文法のようにのべたり描いたテキストで、問題の「納まり」というには原始的過ぎる。

そこでもっとテキスト的規範で、階段や石の積み方や煉瓦の積み方を図示した「建築マニュアル」は、アメリカで出版された『グラフィック・スタンダード』（一九三〇）を待たなければならなかった。そしてレーモンドは、一九三八年に衝撃的な『レーモンド建築詳細図集　1938』を日本で出版した。これは当時としては革命的な出版で、建築の詳細をまとめた図集であった。

日本における戦前一八年間の成果を写真と詳細図を並べて示したこの書は、アメリカで好評だったらしい。「らしい」というのは戦前に二度、戦後に一度再版されているからである。当時はまだ詳細図の類書はなくて、この戦前の一書が戦後になって世界に火をつけた感があった。つまりイギリスで『ワーキング・ディテール集』が幾巻も出版され、アメリカでも幾度か出版し、そのうちに日本では『新建築』が、毎月巻末に詳細図を載せるようになった。

レーモンドの本の内容が単なる詳細図でなく、平面上で簡単に見えたり見かけは単純だが、実は苦労して近代建築的な原理を求めて、「納まり」を考えていたことがわかってきたから評価されたのであった。しかもレーモンドはこれらを日本で発見し、春夏秋冬の厳しい気候の違いの中で、風雨に耐える細部の検討を実証していたから、一段とび抜けていたことに間違いなかった。

吉村順三もレーモンドの流れを汲んだ建築家で、彼は教え子の宮脇檀との対談の中で建築家は注文主からの注文をこなし満足させること以上に、建築家として苦労する部分があるといい、次のようにいっている。「それは主として納まりとプロポーションでしょう。納まりの悪いのも、寸法の悪いのも気持がよくありません。だからそれは建築のデザインの一つの基本的なものじゃないかしら」（『吉村順三のディテール 住宅を矩計で考える』彰国社）

従って「納まり」は、美しい建物やインテリアをつくる基本であり、吉村はそれをレーモンドから学びとっていた。この「納まり」は「きれいに納める」という現代のディテールを超えて美しさを高めるためにいかに単純に見せ、しかも材料の素質を捉えて、それらを構造的に無理なく「納める」ことだという。吉村はこれに加えて、寸法の良さものべている。寸法の良さとは決してテキスト通りのものではなくて、感性という心の内容とも合致するものだといっている。つまり感覚的にも満足する比例や寸法があって、それが「おちつき」を示していることになる。

わ

和風、和の建築

No.18

なかなか定義できないのが和と洋の違いである。靴履きの問題も残るけれど、それでは「和風」とは何か、「和風建築」とはどれを指すのかといわれても困ることが多いのもまた事実である。『広辞苑』では「①わが国在来の風習。日本風。②おだやかな風。暖かな風。春風。③毎秒三・五メートルから六メートルの風速で、樹葉を動かすほどの微風。風力階級の四に当たる」とあり、気象の方が多くて呆気にとられる。

手許に大石治孝編『和風／情感の演出』（『建築知識』別冊第六集）があり、その序文で前記の辞書をとり出して「和風とは」をのべている。だがその序文では「日本のこころ」にふれて、感性による「和のこころ」が出てくるけれど定義がない。この写真集は一五〇頁に及び図と解説が親切だが、もっと優れているのは全体を通した考え方が微に入り細にわたり、編集として「和風」の

孤篷庵忘筌の間（18世紀後期）
出典／彰国社編『伝統のディテール』1972，彰国社

ディテールが読めてくるところにある。つまり「和風」は情感であるから、自分で考えろといい、だから「情感の演出」なのである。

「和風」の演出は三つにわけ、第一は「覆いと開放」、つまり屋根と柱の空間である。第二は「暗い空間」で、わび、とじこもりの演出であり、第三は「明るい空間」で、きれいさびの和風の演出にしている。

まず「屋根」という「覆い」のこと、それを載せている構造についてのべている。その特殊な形と造型は、別の章で深い陰影と立体感がどのような構造に発するかを見る。そして「覆い」は「軒先」で開放され、大地または屋外の自然と結びつくとある。的を射ているのは「軒内の情景」で、幾つかの例により深い庇の中と外とが結びつくことを示す。これは「あいまい空間」ということになろうか。ここでは「つなぎの空間」ということにしている。

逐次的にこの本を説明するより、実物を手にする方が良いのだが、恐らくなかなか手に入らないだろう。このような別冊が図書館に置いてあるかどうか。だからここで責任編集者、建築家の大石がどのような段取りで「和風」を追求し、その結果として「和風」の具体的な空間構造は何か、あるいは「心理的構造」をいかにつくっていくかをとり上げたい。要領がわかってくれば「和風」という建築のつくり方もわかってくると考えるからである。

「暗い空間」は、「明るい空間」を演出するための裏技である。従って第二部では、谷崎潤一郎『陰影礼讃』のように、「和風建築」の中のほのかに秘めた空間をとり上げている。茶室の中身、その外の細部、しかも現代の茶室がホテルや住宅の中に秘められていることを示して対照的に分析する。

そして「明るい空間」が対比されて表に現われる。桂離宮の姿、孤篷庵の「忘筌の間」の反射された光、そしてそれらを応用した現代の作品を示す。つまり「透かしの手法」としての雪見障子であり、すだれであり、透けて見える建具、欄間など。忘れてはいけないのが「和風」の象徴でもある「床の間」や、小さな開口部「小窓」である。吉田五十八作品にふれ現代民家にもふれて、そこに「木の文化」が残されていることを最後にのべている。

「和風」とは伝統にのっとり、完成された数世紀の「造り」を踏襲することでもある。だからこの書の中では「日本建築の構法と意匠をのりこえられるというのであろうか」と、疑問を提示している。創作ではないかもしれない。創作は新しいものをつくることであろうけれど、伝統的手法を新たな演出に取って変えることはできよう。

つまり乗り越えることができるのは、「情感の演出」であるといいたいのではないかと考えた。それが伝統構法と意匠の要素をとり入れながら、さらに洗練させることになるのではないだろうか。先人が洗練させてきた空間の演出を引き継いで、それを新しいホテルやビル、住宅の中に活かすのは、確かに一つの方法だと思う。

古い形体をそのまま受け継ぐことではなくて、現代人の感性に合う手法に切り換えることもできそうだ。たとえその素材が木や壁や紙であっても。

わ

その2 和の取り入れ（細川邸／一九五七）

No.19

「陸屋根」「H邸」に続いて「わ」は「和の住まい」、一九五七年設計の住宅「細川邸」の、和風についてつけ加えたい。繰り返しになるが、時々現実的な住まいがあった方がいいと思い、作品を語ることも必要と考えたからで、そこで今回は若い彫刻家のためのアトリエつき住宅である。

建主の細川宗英は五〇代で早世した彫刻家だった。なぜこの人のアトリエをつくることになったか、そのあたりのことは記憶が薄いし、覚えていることも少ない。彼は東京芸大の彫刻科の、一年上のクラスにいた。石井鶴三教授と双璧であった菊池一雄教授の教室にいて当初から頭角をあらわし、優秀だったため助手として勤め始めていた。

それより以前、赤羽にあったオンボロ芸大寮には彼と同級の彫刻家、福岡出身の児島という極めて磊落な男がいて気が合ってつ

細川邸南面

きあった。彼も私もいつも金に困り、その点で話が合ったのだろうか、裕福な下宿暮らしをしていた同級生の話がよく出てきた。そのひとりが細川で実家が長野県の素封家、市の中心で大きな店を営んでもいたと聞いた。その家に彫刻家の友人たちが何かにつけて招ばれてご馳走に預かり、多分な土産をもらってきたことでも有名であった。

児島が細川を私に紹介したのではないかと思う。助手になったから下宿を出たいといい始め、母親はそれに応えてまず世田谷の私鉄の駅にほど近い住宅地に百坪余の土地を買う。そしてレーモンド事務所に入って二年目の私に、アトリエをつくってくれと申し入れてきたのである。まだあまりよく住宅をつくれない頃だったが、それでも油絵科の友人の一二坪をつくり、また弟の知り合いの住宅を巣鴨に完成して、一応の経験は持っていたつもりだった。

彼は天井の高いアトリエが欲しいといい、洋風の居間と和風の寝室のある住宅を望んだ。できた平面は少々手直しを必要としたが、原案が維持されて作図が進んだ。その結果は仰せの通りの和風、柱の見える真壁漆喰塗で切妻になった。外壁は腰高に横板張りのステイン塗りだから、一見すると黒と白の家である。南側はすべて三尺×六尺の引違いガラス戸で、それを大きく六尺の軒の出が覆った。

五間×四・五間で一階は二二・五坪、二階が九坪あって三一・五坪。二層吹抜けのアトリエは天井を張らず野地板と構造はあらわしで、漆喰の真壁を外に見せて、アトリエや居間などの壁はベニア張り、部分として葛布で仕上げた。従って筋違いは限定されたが貫を入れた。アトリエ南北も六尺の高窓で、筋違いはなく鉄筋のブレースにした。しかし高窓を開けるのには梯子を必要としたし、アトリエの蛍光灯も取り換えには苦労しただろうと想像するが、彼からクレームは来なかった。

このアトリエは一年後の一九五八年秋に完成し、その折に写真を撮った。その後は一度行ったことがあるくらいで、呼び出しのないまま訪れたこともない。彼がその後結婚したのか、そのままだったのかも知らない。しかし、このアトリエから生み出された彫刻は、またたく間に彼を有名にした。その彫刻は菊池教室流に、ある程度はリアリティのある人体が多かった。

新制作展だったと思うが、出品作品を見に行ったことがあり、幾つかの作品は雑誌でもとりあげられた。特に彼の名を高めたのは、日本の密教時代の仏像にも似た近代的彫刻像であった。それは京都の六波羅密寺にある一三世紀の「空也上人像」にも近い、怪しげな彫刻を想い出させた。念仏を唱えて歩いている上人の口から、幾体もの小さな阿弥陀仏が吹き出されている、有名な仏像を思い出していただきたい。それにガラスの眼球がついているようなこわい彫刻を幾つもつくり、そのおどろおどろしさがユニークだった。

その三年後、「細川邸」に似た和風のアトリエをつくった。四・五間×四間で同じ型だが軒は六尺でなくて、一・五メートルつまり五尺に縮めた。風で煽られて飛ばされるのが怖かったからである。「細川邸」の軒は出過ぎていた。彼はその後、アトリエの南側に増築をしたと担当した大工から聞いたから、たぶん軒が煽られる心配はなくなったのだろう。

か

もう一度階段

No.20

「いろはに……」の「に」で「二階」にふれ、何となく「階段」にとらわれていたから、すでに「か」の階段は終わっていた。「か」の項で、出てくる予想をしていなかったからである。

だから今度はより実用的で科学的で、しかも学識的な「階段」を目指そうと思い本を探し始めた。どの住宅の本でも「階段」にふれない本はないのは、「厨房」と同じく必要欠くべからざる機能だからである。そしていつも気になるのは「けあげ」と「ふみ面」の寸法、そして「手すり」の高さと「手すり子」の隙間の寸法と「ノンスリップ」の幅、さらには「ふみ面」を上から見た時、段差を明瞭にする色と材料のことだ。

その前に考えていたのは、五階まではエレベーターなしで上がれるとした、初期住宅公団の集合住宅や都営住宅が、すべてエレベーターを付けたことと、さらに「ユニバーサル・デザイン」や

長野市浅川観音堂の階段(1980)

「バリアフリー」の考え方から、公共建築や駅などがこぞって「階段だけ方式」を止めつつあることを考えたい。そしてこの古い「階段」は、いまだに幅も手すりも、そして「けあげ」も改善されずに残っていることをあげたい。特に目立たないノンスリップのことは気にかかる。

基準法では住宅の「けあげ×ふみ面」がセンチで二三以下×一五以上、公共用一八以下×二六以上である。そして階段幅は住宅が七五以上、公共一四〇以上。ここからは住宅を主としてとりあげたいが、基準法のままだと勾配は五七度になって「梯子段」に近い。当然のことだが「階段の勾配はできるだけゆるく」であろう。しかし二階梁を有効に使いたいから、最小でも梁間隔二・七メートルの間に階段を収めたい。階高を三メートル、あるいはそれ以下だとすると、どうも一三段という数字になることが多い。絞首刑の首吊り用階段は一三段だから、これを逃げようとすると一二段ではきつく一四段ではゆるくなりがちで、このような困った経験はいつものことだ。

というのは、昇りやすい条件が「ふみ面」寸法に「けあげ」寸法の二倍を加えて、六三センチが良いとされているからでもある。この六三センチとは、一歩の歩幅からくる。最近は身長が伸びて六三センチより大きくなるだろうが、住まいには子供も老人もいる。大は小を兼ねないことを明記すべきであろう。従って「けあげ」一五センチ、「ふみ面」二七センチでどうだろう。

「手すり」の高さも、身長に従って九〇センチ以下でよさそうだが、子供がいると下にもう一つ七五センチをつけたいくらいだ。「手すり子」も格子状だと一一センチ間隔以下にしないと、幼児の頭が抜ける。

そうでなくても階段関連の家庭内事故が最も多いということだから、これも考えなくてはなるまい。

次は外の階段に移りたい。朝日新聞の編集委員をつとめた岡並木は、その記者時代に「交通とくらし」に関する記事で健筆をふるった。人専用の歩くモールの快適な長さは、晴れた日で四〇〇メートル、降れば三〇〇メートルといっていた人である。

彼が沖縄の今帰仁（なきじん）で感心したのが、七・五・三の階段だった。今帰仁の古い琉球城址の石段の八三段が、七・五・三の段数の組み合わせで非常に昇りやすい。単調な同じ段の繰り返しでなくてリズム感を生み、奇数だから違う足並みになる。階段の途中の踊り場が一五面もあって、しかも一・二メートルで次の階段がくる。基準法では公共の場合は高さ三メートル以内、住宅で四メートル以内で踊り場をとることになるが、同じ踊り場幅一・二メートルでも七・五・三段毎に三歩分の、一・二メートルだから昇りやすいことになる。

これを新聞で読んで早速実際に応用したのが、長野市の北の丘の上、浅川霊園の「長野市浅川観音堂（一九八〇）」への階段一四一段である。観音像はスパン二〇メートル、高さ六メートルの、四本足のコンクリートシェルの下に収まっているが、この堂への上り階段を七・五・三にして、踊り場一・二メートルを二四か所つけた。途中一か所は六角の広場にしてさらに奇数階段を続けた。これを完成してその昇り良さに驚いた。実に楽に昇れたからである。この観音堂に一〇年以上も足を向けていないが、最近雪害で床面を取り替えたということを聞いたくらいで、自分の作品になかなかお目にかかれない。

か

その2 瓦屋根の家（N邸／一九七七）

No.21

「わ」の項で「和風」をとりあげた後に、また和風の「瓦屋根の家」である。しかしこの二軒の住宅の間には二〇年の歳月が流れている。その間に何をしていたかは、次第にわかってくることだから、弁明しないことにする。

アメリカから戻って、レーモンドの『自伝』を完成するために彼のもとに通い、自分も事務所を千駄ヶ谷に構えて仕事を始めていた。一九七〇年代初頭は忙しかった時期で、長野の公共建築や富士山麓の山中湖畔に次々に別荘を建てていた頃で、やや有頂天であったと今は反省している時代のことである。

長野に建てた「公民館」や、二つの「体育館」を経て、次の計画にかかろうとしていたが、縁あって長野市の東にある市の長野寄りに、若い医師夫妻のための住宅を設計することになった。彼らの購入した土地はりんご園の多い小さな集落の中心で、その周

N邸、西側に隣接する神社の敷地越しに

辺の氏神様の境内に隣り合っていた。そればかりか敷地を最初に見に行った時には、その三〇〇坪の敷地の中央に瓦屋根の二階建の農家がまだ残り、しかも白い壁がそのままの立派な蔵が一棟、敷地の隅に建っていた。もちろん母家はだいぶ年季が掛かっていて、瓦は半ば落ちかけていたし、二階建とはいっても建具は外されてしまっていて廃屋同然の姿だった。

わけあって離村したのであろうと思われるが、それにしても広い敷地の中に旧態然とした農家であって、それもかなり威張っていたことが、その存在感からわかるような様子が想像できた。その集落の中で、神社の隣に位置する農家とあれば旧家に違いないし、昔は威勢が良かったのだろうと思い、そのまま再生できないものかと考えたのである。

建主の医師は、ドイツの修業から帰ってきてここに住居を構え、当時は病院勤めをしていたが、近いうちにこの地で開業しようと張り切っていた。だからこの農家の残る敷地を買い取って、ここに近代的な住まいをつくろうとしていた。頼まれた設計屋としては、この敷地で幾年も生活していたのなら、きっとその形が周辺の住民の頭にあろうし、神社に接する蔵などは恐らく住民たちのひとつの風景になっているのではないか、できれば以前の形を留めるような、同じヴォリュームの瓦屋根の家を新しくつくったらどうかと提案した。

そこにあった家は二階建一棟と、離れて蔵一棟、あとは野菜畑だった。結局、二階建は取り壊して蔵は残した。同じ位置にほぼ同じ高さの瓦屋根の二階、蔵との間は四五度でつなげた平家の瓦屋根の寝室棟を置いた。東側に玄関をとりつけ、母家と廻り縁で直角に結びつけた平家の客室棟を張り出させ、これも瓦屋根にした。壁は蔵に合わせ漆喰塗り大壁で耐火である。

これでは真っ白な壁に黒い瓦が載るだけだから、考えて妻側は二階の軒の辺りまで、赤い煉瓦タイルをはり上げた。こうした差をつけたのは、同じ白い壁、瓦屋根では再現と思われるからだ。洋風にはしなかったが、大壁にしたり側面一部に赤があることで、新しい住まいを表現したつもりだった。

もう一つの新しい部分は、敷地が神社と接し、南が道路に接していることもあり、玄関へのアプローチの三面に、覗いて庭が見える程度の築地塀をまわしたことである。塀は囲いに過ぎないが、敷地の存在を示すためもあって、煉瓦を一枚おきに積んで恰好をつけ、その上に丸瓦を載せた。猫を歩かせぬためである。一枚おきの煉瓦の間に漆喰を塗ったが、これは失敗だった。煉瓦のアクで漆喰が次第にはがれ、いくら補修しても直らなかった。

失敗はさらにあった。北側に下屋を一間出して、厨房や浴室にした。しかし大屋根の雪が大音響とともに一斉に落ちて、この下屋の瓦を破壊した。完成一年後の大雪のことでこれは参った。その翌年には雪は少なかったが、北側の大屋根からのつららが伸びて、なんと下屋の屋根までつながった。横樋には電熱帯を通して凍結防止をしていたが、電気を入れ忘れていたと後でわかった。

現在では知らぬ間に蔵が改造され、寝室を抜けてそこに至る廊下ができ、蔵の中は洋風の音楽鑑賞室になっている。蔵は窓を閉めると完全な遮音室になったからだ。

よ 浴室と風呂

No.22

銀座から京橋に向かって歩き、京橋の角に「ＩＮＡＸ」のショールームがある。一階の書店は建築の本が多く、二階はギャラリー、その上に製品ショールームがある。ギャラリーでは文化的な試みと展示が、すでに四半世紀に及んで開かれているが、展示毎に図録がつくられ、今では貴重な資料である。

その初期の一九八一年に「ゆあみのあゆみ展」が開かれている。図録は当時東洋大学にいた太田邦夫ほかで、構成は建築家の保坂陽一郎となっている。凝った展示で、狭いギャラリーを所狭しと飾ったのが世界の浴場の歴史だった。ローマの大浴場に始まり、中世、近世、そして個人の風呂の始まる近代、日本では釜風呂、秀吉の風呂、混浴の江戸末期、そして銭湯への歴史が展開されて現代に至る。

風呂好き、温泉好きの日本民族にふさわしい展示だったことが

18世紀末のトルコ婦人入浴図
出典／伊奈ギャラリー『ゆあみのあゆみ』1981，伊奈製陶

よくわかるように、図録にも簡潔にのべられている。

さらに翌一九八二年、展示が行なわれたかどうかは定かでないが、同じ判型の『水まわり読本』が、「住いと暮しを考える会」の四人によって出版された。水まわりといえば飲み水、配管、トイレ、浴室だが、この本ではシャワールームや材料、加えてデザインに及んでいる。

浴室については、いささかページを多くして、その空間、インテリア、安全性に話が及び、滑らない浴室の床、手すりなどをつけて、老人のための介護にもふれている。親切なのは、製陶会社だけに手入れの仕方や修理についても細かに注意書きがあることである。当今ではこの程度のパンフレットは、ショールームでなくてもありそうで、特に町中にある企業のショールームでも最近は多くなったが、二五年も前に「ＩＮＡＸ」が考えていたことに敬意を払う。

「便所」の項でものべたが、アレクサンダー・キラの『THE BATHROOM』（一九六六）が、邦訳出版されたのが一九八九年だから、それよりも『水まわり読本』は早かったことになる。そこでもう一度キラの名著だが、そこに入る前に一言したい。邦訳のタイトルも英文のまま『ザ・バスルーム』で、訳者もいうようにそのまま浴室と訳せる。しかしアメリカ流は、これが浴槽、便器、ビデ、洗面器がセットになった浴室である。日本の「浴室」はユニットバスのバスルームでなくて、独立した「浴室」であるところが異なる。もっとも近頃はユニットバスも多いし、ホテルは旅館であってもユニットで、浴槽、便器、手洗い器のセットになっていて問題になりそうもない。

さてキラの『ザ・バスルーム』の中では、特別に「バスルームにおけるプライバシー」を研究しているのが、民族的な違いというべきだろうか。「中流家庭では、家族全員の起床時間がほとんど同じであり、バスルームの使用について問題が起こるので、全員に対して、大変細かいバスルームの規則をつくることによって、解決してきた」とあるのがまことにアメリカ的だ。

「自分専用のバスルームを持っているような上流家庭の娘たちは、この点に関する中流家庭のやり方（バスルームの順番使用のルール）を聞いて、面白がった。下層階級の娘たちは、そのようなことが必要であることにびっくりした」とあり、持ったことのないプライバシーが家庭の価値だと結論づけているところがあって注目される。

そこで浴槽にガラス扉をつけて、便器などと入浴の共用の例を示しているのであるが、最後の章で身体障害者の利用にもふれ、「通常のシャワー用ドアをつけてはならない」というように、細かいことがこの本の特徴になっている。

なお日本の浴槽は、肩まで入るために、深さは六〇センチ以上になる。しかしこの本の浴槽の深さを決定する実験では、四〇センチまでの浴槽には人は直立姿勢で入り、四三センチ以上だと縁を掴む傾向となり、四三センチから六一センチの範囲では、かがんで入る方法をとるとのべられていて興味深い。そして浴槽への出入りの安全性と、浴槽内の動作の安全性を説く。統計的に浴槽に出入りするときに、怪我や滑ることが頻繁に起こっているからだという。

た

暖炉(だんろ)にこじつけ

No.23

「暖炉」については、語るべきことが三つありそうだ。ひとつはいかに有効に燃える「暖炉」をつくれるか。第二には「暖炉」がマントルピースなどと呼ばれる、装飾性だけのものになったということ。第三にはその存在が、住居の中でいかに大切な中心空間になっているか、ということである。

日本の住居の中で「暖炉」を持つのは極めて異色なことだろうし、特定の要求に基づき、または建築家の主張と建主との合意のあった時にのみつくられる。しかも木造の住居の方が多い日本の場合は、その耐火性が難しいばかりか、今や都会では煙を出すこと自体がはばかられるし、実は違法化している場合が多い。もっとも耐火、換気を合法的にすればいいことにはなるが、消防署はなかなか許してくれないような気がする。

第一の問題は技術的なことで、とにかく示された空気量、つま

A・レーモンド「笄町の自邸(1951)」の暖炉
『自伝　アントニン・レーモンド』
1970，鹿島出版会

り酸素の取り入れ量と、ダンパーという煙の吸い込み口の大きさを守り、取り入れ量に応ずる煙突の太さと高さとを守ると、よく燃えることがわかっている。東京芸大名誉教授でOM研究所の仕掛け人、奥村昭雄の『暖炉づくりハンドブック』（建築資料研究社）を見れば一目瞭然で、建築主がいて金が確保されれば暖炉はできる。そうでなくても、今は「ダンロ屋」などという屋号を持つ暖炉メーカーがいて、プロの腕でつくってくれる。ただ、そのメーカーが今も存続しているかどうか。

第二の装飾用暖炉のマントルピースであるが、これは中に電気やガスのストーブをセットしたり、時によると燃えていると見せかけるような魔法の仕掛けを持つ、大理石張りの豪華版で、大きな洋館の立派な装飾品である。これは煙突のないのが特徴で、Ｆ・Ｌ・ライトは「このような偽物」は大変嫌いだった。当たり前の話だが。

清水一は大倉土木の建築家として活躍し、多くの建築随筆でも知られているが、『私の建築辞典』（井上書院）に暖炉の項を設けている。イーデス・ハンソンとの対談を紹介し、彼女が「日本の床の間に相当するものが、西洋にはない」というのに対して、清水がファイアプレイスを提案する。ハンソンは応えて「そうね、でも私たち、子供の頃から、あれ、使ったことありません」といっているが、その通り飾りにしかならなかったのだ。アメリカの現代生活では、囲炉裏のように「そんな古風なものは、忘れられてしまっているのだろう」と記されていて、なるほどと思った。

第三は、住居の中心の暖炉のある空間のこと。奥村が暖炉に詳しいのは、彼自身の旺盛な研究心に加え、吉村順三事務所で住宅の設計に携わり、よく燃える「暖炉」を幾つかつくってきたからである。そして師の吉村は暖炉のような居間の中心空間があると、設計の本意、空間の意図が示されるものと自ら考え、「自邸」にも「小さな森の家」にも燃える暖炉をつくり、実際に床の間のように中心空間としてきたからである。このことは取りも直さず、師であるレーモンドにも通じることであり、そのまた師匠のライトにも通じることだった。

レーモンドは、木造平家の「麻布の自邸」に暖炉を置き、その双生児である高崎の「旧井上邸（現在は高崎市美術館）」にも全く同型、同材の暖炉が据えられている。この暖炉は軽便なもので、普通のように壁に沿わせてはいない。居間の中央の耐火煉瓦の上に置かれた二重鉄板製の暖炉で、煙道も二重鉄板で、木造の屋根の上に突き出している。

どのように延焼防止をしたかというと、木造屋根の部分を不燃の石綿帯で巻いて、鉄板の袴をかぶせて屋根の上に突き出させていた。一九五一年にできた住宅だから、消防もまだうるさくなかったろうし、外国人だから諦めていたかもしれない。とにかくレーモンドは冬は常に火を焚いて、ダクトからの温風に加えて暖をとっていた。そしてこれこそ居間の中心空間であると誇っていた。但し、ノエミ夫人がある日のこと大量の紙を燃やしたために、煙道が真っ赤になってしまい、そのうちに屋根の一部が焦げて煙を出したことがあった。すぐさま消し止めたが、レーモンドの怒った顔が今でも忘れられない。

た

その2 暖炉のあるすまい（ＫＷ邸ほか）

No.24

レーモンドは、住宅に必ず暖炉をつけた。木造の住宅でも居間の中心に、鉄板による安全な暖炉を置いている。前回の「麻布の自邸」や、「旧井上邸」のような手法を、吉村順三はまことに几帳面に受け止めて、住宅には暖炉をとりつけ更に洗練している。燃やすものが多く煙を出してもあまり苦情の来ない、軽井沢の別荘の設計では特に暖炉は使えたのだろう。軽井沢の朝晩は、冷え込むから暖炉は必需品だった。

しかし現在では、都市の中でしかも防火地域だとうまくない。内装制限もあり、法的にもうるさくて止めた方が無難だと考えるようになる。そうでなくても、環境への配慮もあって、煙を出すと文句が来るに違いない。そもそも都市内では燃やす材料を手に入れることも難しい。しかしその一方で住宅で実際に火の焚ける暖炉を欲しいと思うこともないわけではない。そこで機会を見つ

ＮＭ邸２階寝室の暖炉

けて、建主の説得にかかるのである。

ひとつを都内の「ＫＷ邸（一九九一）」でやってみた。商業地域で防火地域だからコンクリートの建築で、そのすまいの居間にコンクリート製の暖炉をつくった。そして暖炉として使うのではなく、飾りのマントルピースであることにした。しかしその煙突はコンクリートで固め、屋上に煙突として突き出した。しかも屋上庭園として使うために、できれば屋上焼肉パーティーもできるように、その煙導を利用してバーベキュー炉をつくった。建主は暖炉については「一度燃やしたいもの」といっていたが、このバーベキューには、あまり乗り気ではなかった。そして使わないまま、火をつける試験もできないまま引き渡しをして、それ以後それについては語ることもなかった。

もう一軒、居間を一階に置きその上に寝室を載せる「ＮＭ邸（一九八一）」を設計した。この住宅は防火地域でなかったことから、建主の要望で燃える暖炉にした。木造の二階建だったが、その部分はしっかりとコンクリートで固めた。そして二階の寝室にも、暖炉を考えたのである。もとより木造の骨組みにかかる前に基礎を置き、先にこの暖炉をコンクリートで立ち上げなくてはならなかった。つまり、基礎打ちの時にはすでに二階を超え、屋根の高さ以上のひょろりとした、暖炉のコンクリート造が先に立ち上がることになる。これはまことに異様な光景といえばいえた。

とにかくこうして先に暖炉が築かれ、その後で木組全体の組み立てがなされて建前の儀が行なわれた。これでようやく木組に囲まれ、屋根よりも高く煙突が立ち上がるのがわかって、ひと安心したのである。

そして次第に内装にかかるのであるが、今度はその前に室内の暖炉の仕上げが必要となった。すでにコンクリート打ちの際に苦労して煙導、焚き口、ロストル、鋳鉄ダンパーなどは考えていたから、あとは暖炉内外の仕上げをどうするかであった。

居間では内部に耐火煉瓦、外は一部の縁廻りに石を張り、手前にも敷石を置き、立ち上がりは黄色のタイル、上部は部屋と同じ漆喰の白でおさめた。しかし、寝室にも小さな暖炉をつくっているから、こちらの方は焚き口の前に石を敷くのは似合わず弱った。床よりやや上げて石を置き、縁まわりを含めてほぼ壁の白と同じにするより仕方がなかった。そこで本当に火を焚いたら、火がはぜてベッドが焼けるに違いない。そう思うと使わないでほしいと願うことになる。

いずれの場合もファイアドッグを置き、火かき棒や火ばさみを作って傍らに置けるようにした。そして何よりも必要なものは、はぜた時に火を止めるための金網であった。これを英語では fireguard といい、普通は fender といっているが、これも何とか作ってもらうことができた。この寝室は天井が舟底で、建主に望まれたように、ライト風の登り棹が四五センチ毎に入っている。そして壁におりると、そこに間接照明の棚があって棹を受けている。

その舟底をめがけて、白い暖炉が四角な箱として立ち上がるのである。何とも優雅な寝室がこうしてでき上がった。確か居間の暖炉は良く燃えると聞かされたが、寝室の方は実際に使ったことがあるかどうか、聞いてはいない。

れ

煉瓦のれ

No.25

「煉瓦」をどうして「レンガ」と、片仮名で書く人が多いのだろうか。外来語ではないけれど、何となく洋風建築に通ずるところがあり、明治に始まる新材料だったことも想像してしまう。それほどに煉瓦は渡来のもののようだ。そしてかくいう私も半世紀も昔に、まだ残っていた丸の内の「一丁ロンドン」を歩いて、洋風気分を味わったりしたことがあった。つまり年の暮れに、最近は「東京ミレナリオ」などといって、通りを電飾アーチで飾るあの仲通りである。

この通りはジョサイア・コンドルの「三菱一号館（一八九四）」を始めとして、中層の煉瓦造が並び、ほかでは見られない光景だった。また一八七二（明治五）年の東京大火以降、「銀座煉瓦街（一八七三）」が実現したが、列柱の並ぶ「煉瓦街」は、さぞかし洋風に見えたことだろう。しかし火災に強くても、関東大震

一丁倫敦と呼ばれた頃の丸の内仲通り
INAXギャラリー『れんがと建築』
1988, INAX出版

災で煉瓦造は「浅草十二階（一八九〇）」を含め、ほぼ八三％の被害率で生命を終えた。

その古い銀座は歩道まで煉瓦を使っていて、当時の人は銀座を「レンガ」と呼んでいたという。明治の始めには「煉瓦石」ともいわれ英国から輸入したが、お雇い外国人建築家や技術者の派遣によってさまざまな材料、技術を取得し、横須賀、長崎では煉瓦も製造されていた。当時の呼び方は「煉石（れんせき）」で、その後「煉化石」、そして煉瓦となった。

東京では小菅村に「ホフマン窯」ができ、深谷市に今も一基保存されているような巨大窯ができる。その時の六基に加えて、周辺に幾つも工場をつくり、東京の公共建築に用いられた。北海道では「道庁」を始め、ビール会社の煉瓦造が今も使われている。札幌は片仮名でサッポロとも書かれることがあり、アメリカの星印を戴く。そして煉瓦は明治初期に郊外野幌で生産され、「煉化物」と呼ばれた。

煉瓦の歴史は古く、メソポタミアでは紀元前三千年に、日干し煉瓦をつくっていた。アメリカの日干し煉瓦はインディアン時代の伝統材料で、「アドベ」「アドビ」などと呼ばれ、ニューメキシコのサンタフェでは風致地区として煉瓦造が残っている。日干しを窯で焼いた煉瓦も、ローマ時代の歴史を持ち、多くは教会や城などに用いられているが、住宅に用いられるようになったのは一九世紀産業革命以後だという学者もいる。

歴史はそのくらいにして、今も美しい「煉瓦蔵」を町の中に残す会津盆地の「蔵の町」喜多方を、北村悦子著の『喜多方の煉瓦蔵』（喜多方煉瓦蔵保存会）で覗いてみたい。人口四万の市の中心と周辺部に、二千を超す蔵があるという。瓦屋根、白壁の蔵づくりの中に、全体が煉瓦造のものと腰に煉瓦を使うものがある。その蔵の多い理由は、気候と醸造、漆器産業に合うこと、資力のあったこと、職人に恵まれていたこと、そして一八八〇（明治一三）年の大火の復興に競って蔵を建てたからとある。そしてその「煉瓦蔵」は、一八九〇（明治二三）年に樋口市郎の築いた「登り窯」に始まるという。

喜多方では、小学校や駅舎の木骨煉瓦造もあり、屋根に瓦がのる。明治以降の「煉瓦蔵」は木造骨組の間に煉瓦を積み外側にそれを見せ、内側は漆喰にする「喜多方式木骨煉瓦造」が特徴である。そしてどの場合も軒下に煉瓦蛇腹をつくり、独特のデザインで特色をつくる。もちろん漆喰蛇腹あり、これも見事だ。しかも「煉瓦蔵」は今も増えつつあり、建築家が参加して町の中に小広場をつくり、観光客の増加に合わせてまちづくりを進めている。ラーメンばかりでなく、有名度では「煉瓦蔵」の方が先のようだ。

最後は技術のこと。普通煉瓦サイズはセンチで二一〇×一〇〇×六〇、各国でサイズが異なる。積み方にさまざまな方法があるのはよく知られる。一枚半と二枚積みがあり、フランス、イギリス、オランダ積みで異なる。アメリカ積みは複雑で、段によって並べ方が違ってくる。煉瓦一本の面の呼び方は「長手と小口」、「ようかん」とは長手に二分したもので、「平ようかん」はさらに二分したもの。「小口」をそのままにして半分にするのが「半ます」、四分の三が「七五」、四分の一が「二五」である。近頃は焼過ぎ煉瓦がはやるが、焼過ぎ面が長手にあると「横黒」と呼び、小口だと「鼻黒」で、長手から小口にわたると「矩黒（かねぐろ）」と呼んでいる。

そ

「ぞ」にして造作

No.26

「造作」を選んでから、実のところ背筋が寒くなってきた。簡単なはずが、実はひどく広範囲だったことに気がついたからだ。「居間」とか「厨房」を選んだときは、どの本にも解説があって困ったが、それと逆にこれはすべてに応用できる代わりに、「造作」の狭義を説いたものが極めて少ない。

それもそのはず、「造作」とは「雑作」とも書き、建築本体つまり構造体を除くと、すべての部位に及んでいるからである。工務店の見積書を見ても、造作という項目はほぼないに等しい。つまり床、壁、天井、建具、階段、棚などのすべてである。例えば、昔だったら「造作つき」とある貸家は、畳や建具のあることであった。今では当たり前だが、それが当たり前でなかった。昔は借りる方が畳も建具ももってくるのが普通だった。

もう一つの例えで「造作が悪い」といえば顔つき、つまり顔の

石山寺多宝塔内部の造作
出典／彰国社編『伝統のディテール』1972，彰国社

つくりが悪いということ、これも死語で今では誰も使わない。

『すまいの語録』（学芸出版社）を書いたのは、東京工大名誉教授の茶谷正洋である。彼は「折り紙建築」で有名、その関係の本だけで二〇余冊ある。器用なこの人は書く方も達者だった。語録とはいえ、この書は「ことわざ」と「冗談」が充満している。中で「造作」「大工」にふれているので引用する。

「下手な大工は切って継ぐ、一度ですむことに、二度手間をかけ、しかも、それが様にならず、とくに雑作工事では腕の違いがはっきり出てしまう。下手の方の言葉を集めてみるといろいろある。下手の横好き、下手の考え休むに似たり、下手な大工は道具を非難する、下手の道具調べ、道具おどし、能なしの口たたき……大工と雀は軒で泣くという言葉がある。大工と鶏は隅で泣くともいう。工事の中で面倒なところは、屋根の軒まわりや隅、それに墨出しという意味の諺で、直角で構成される構造の中で傾斜しているところをうまく揃えるのは本当に難しい」

もうひとつ「古家の造作」が引用されるところでは、古い民家は維持が大変で、「家売れば釘の値」ともいい、古家の値は大したことはないが、釘を使った古材は鋸の刃を欠くし、古材を捨てるにも金がかかる。「だから先のことも考えて、建物の構造体をがっちりつくり、家具をよくして内装は凝らないようにする。それで古家の造作も楽になり、家を売れば高値にもなる。二種類の耐用年数をうまく使いわけること」となかなか親切である。

すでに引用した飯塚五郎蔵の著書では、「造作」には人体の部位を使った言葉の多いことがわかる。垂木と垂木の間を埋めるのが「面戸」、柱の角を落とすのが「面取り」、同一平面に仕上げるのを「面一（つらいち）」といい、「ぞろ」ともいう。目を使ったものでは「目違い」「目板」「目すかし」がある。「目違い継」は、長手方向の材をつなげる時に食い込ませるようにすること。「目板」は板張りのはぎ目を覆う細い板、「目すかし」は外壁や天井板を少し間を開けて張る構法である。

「目つぶし砂利」は割栗の中に入れる砂利、「無目」は開口部や出入口の鴨居の部分で溝のないもの、「鼻隠し」は端（はな）で軒先の隠し板、「鼻母屋」は軒にもっとも近いところにある母屋、「鼻栓」は横材の先を柱などに突っ込む時に使う栓である。

耳は「耳板」で、丸太から製材して板をつくるとき、端部に皮のついた板のこと。口は「木口」で木の断面部分である。煉瓦の「小口」は、鼻先の一〇〇×六〇の端部をいう。腕は「腕木」があり、庇やバルコニーを支える水平材、肘は「肘木」で、柱から肘を出して軒を支える材をいう。手を合わせる「合掌」とは、いわずと知れた洋小屋の小屋組、合掌材で頂点を合わせるのが真束小屋だが、和小屋は小屋梁に束を立てて母屋を受けるから合掌材はない。

まだたくさんあって追い切れない。「胸壁」「胴差し」「腹おこし」「腰かけ」と、これらはいずれもこの項の「造作」を超えて、構造に絡むからやめたい。それにしても人体の各部位や名称が、大工や建築の用語にちりばめられていることに驚く。こうして建築用語は、身近なところから覚えやすいように、生活や人体にヒントを得て、名付けていったものであろう。

そ

その2 そらをとりこもう（国田邸／一九六〇）

No.27

東京芸大の美術学部はもとの東京美術学校であるが、その当初はよくぞ新制大学に昇格したものと思われるほど、教養課程の講義も専門課程の場合も、まともな授業ではなかったような気がする。とはいうけれど、建築の場合は各学年一〇名で四年制だから四〇名、大学院も専科もなし。なのに吉田五十八、岡田捷五郎、吉村順三、山本学治らの教授と講師が四名、非常勤講師は一〇名で、石川榮耀、太田博太郎、水谷武彦、蔵田周忠といった有名人がいて、まわりから恵まれた学校といわれていた。そして何よりも恵まれていたのは友人だった。

　建築科の煉瓦造の二階の窓からは、ヌードをデッサンする油絵科の一部が見えた。といってもモデルは見えない所に隠されていた。その油絵科の学生とは窓越しばかりでなく、部活動でも一緒で次第に親しくなった。そのような中からすでにのべた「和田

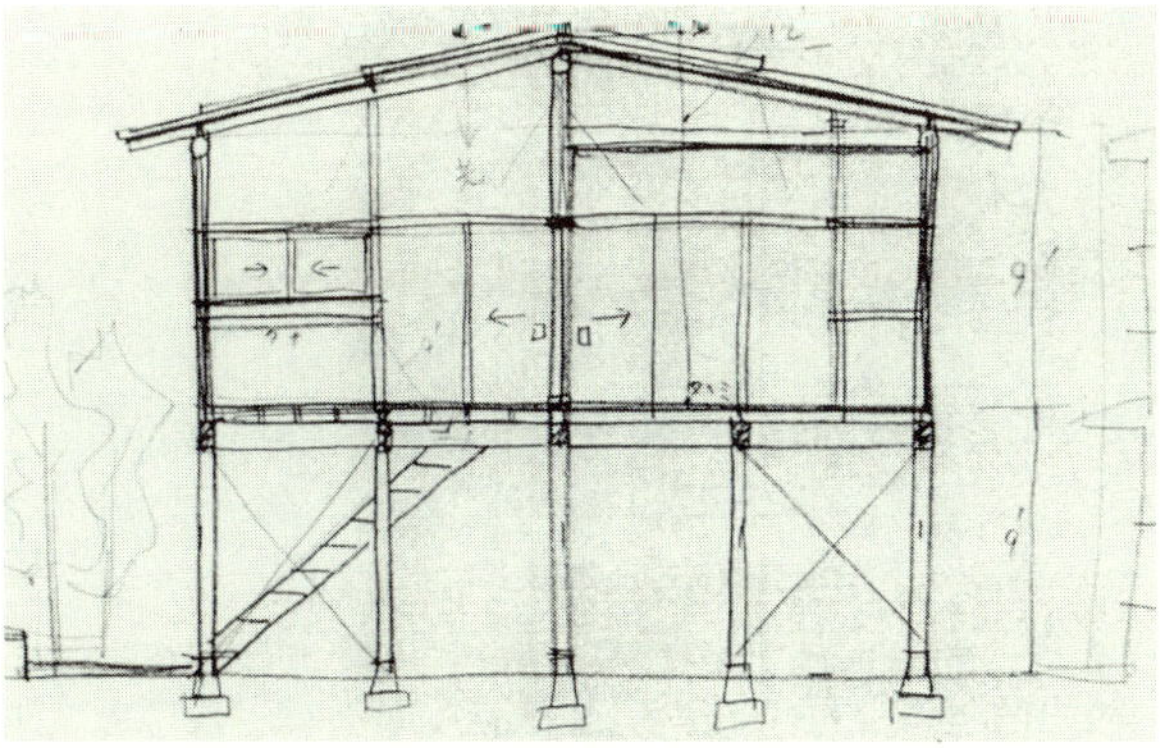

国田邸に天窓を（断面スケッチ）

邸」が生まれ、また北海道出身の国田祐作の「国田邸（一九六〇）」も生まれた。大学としての授業や演習は身を入れなかったとしても、人間関係や交遊は極めて盛んだったから、卒業してから住宅の設計にも及んだのだろうと思う。

とにかく卒業して数年目に、国田は結婚して住宅が必要になり土地を豊島区に見つけ、設計を依頼してきた。「和田邸」も驚いたが、こんどの場合はもっとびっくりした。大学にいる時は同じ芸大赤羽寮にいて、生活振りはよく知っていた。というのは寮とはいえ、たかが三〇人収容の木造二階建、風呂なしの自炊暮らしで貧乏学生の集団生活だった。そのひとりの彼が、卒業してから数年のうちに土地と家を考えていたのだから凄い。これは今もって不思議である。

とにかく、その土地を見に行った。案内されたのは都電荒川線の停留所も近く、住宅地の便利なところで、求めた土地は間口三間の奥行五間、南に二階建あり東にも隣家が迫り、西は狭い道路が曲がりくねってその反対側には小学校の校舎があった。しかも道から一メートルくらい下がった低地で、窪地とは聞いていたが条件は悪かった。北側は畑で地主が持っていてすっきりと開け、これを建蔽率のためにだけ借りる条件で地主と話がついていた。

考えたのは一階はピロティにして、パイプ類だけでまとめて立ち上げ、一度道から敷地に下がり、開けた側に階段をつくって北側から入る。道に面しては、中二階以上の西側の窓を開けて光をとる。南は窓があっても隣家の方が高くて、光はとれても風景はない。東側もだめだから、かくなる上は居間に切妻の棟を見せ、そのまま天井を張って舟底で高くする。そして西に向かう勾配屋根は、二畳分のトップライトをとって明るくしようと考えた。

それには建主も喜んだが、彼のいうにはそのトップライトのガラスを開けて「空が見たい」というのである。しかし二・五メートル以上の高さであると、脚立に上がっても届かない。そこでローラーをつけロープを取りつけて、引っ張って開けることを考えた。図面で描くとどういうことはないけれど、重量のあるガラスを引きあげたり、それをまた閉じるには技術がいる。現場が進んで大工の棟梁が首をひねり、設計屋も一緒に考えた末に、なんとか可動スカイライトが完成した。

ピロティの方は四寸角が並んで壮観だったが、いつの間にか画家のアトリエになっていった。次々に描く絵を格納する場所も必要になった。この部分の増築は、母家が上にあるから土間の上に土台を置き、間仕切をつくればなんとかアトリエはできる。裸電球だったと思うが、素人づくりの配線で夜も明るくなった。しかし肝心のトップライトは、やっぱり動かし難かったらしい。それに困ったのは、スカイライトのまわりから雨が漏り始めたことだった。ということをあとから聞いたが、設計者にはいえず大工に話して、とうとうアスファルトで周辺の防水をするようになり、やがて幾年かのうちにそれでも駄目で、結局はふたをしてしまったという。行ってはみたけれど、せっかくの「空を見る可動スカイライト」が、短命だったことが心のしこりとなった。

つ

接手をやめて衝立

No.28

本当は「接手・つぎて」を書きたいが、この「接手」は挿絵か写真がなくては説明できないばかりか、いかに接ぐかは断面か分解図がないと読めない。建築の学校で「接手」の部分模型などを、幾つも教材に使うのはそのためだ。

そこで「衝立・ついたて」にしたのだが、なぜ今頃「衝立」かというところから始める必要がある。「衝立」を含め、一般の家庭生活で用いる道具類「家具・調度」に言及したいと考えたからである。家具は日常のものを指し、調度は手廻り道具であるが、中でも昔から使ってきた「間仕切」に代わるものは、恐らく日本の伝統の中で育っているから、部屋の空間づくりに応用できるものに違いない。だから昔流に「屏障具・へいしょうぐ」と呼ばれるものをとりあげたい。

それも『日本を知る小事典3・衣食住』（現代教養文庫）を参

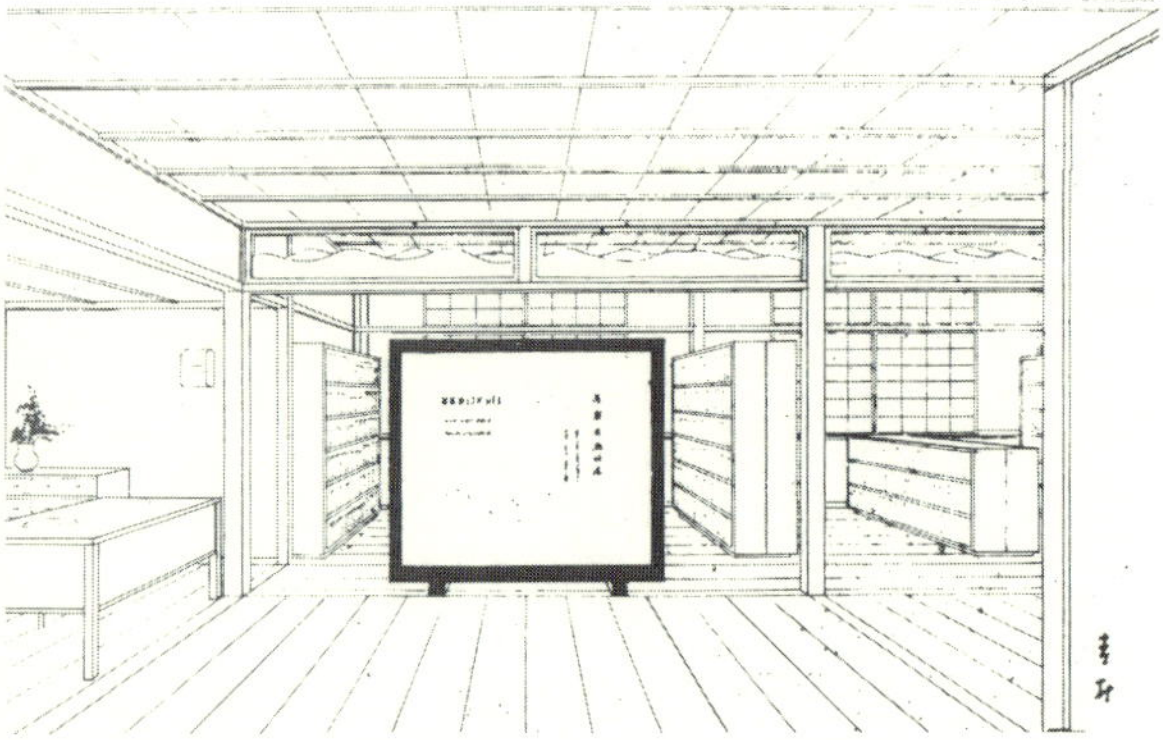

A・レーモンド「（米国国会図書館内）斉藤大使記念図書室案（1940）」
出典／『自伝　アントニン・レーモンド』1970, 鹿島出版会

考にしたから、日本を知るために古い歴史を読み解くことになり、やや理屈っぽいことになる。これも何かのヒントになるかとも思い、敢えてそれに挑んでみようと考えた。まず表題の「衝立」は、平安時代に生まれた「衝立障子・ついたてしょうじ」から発して、もとは「障子」といわれたらしい。古くは広い部屋を仕切り、風や視線をよけるためで、大型の「衝立障子」で中央に簾（みす）をかけたものを「通障子・ずしょうじ」といっている。それが小さくなって、衝立として現代でも玄関に置かれるようになる。特に寺院の方丈入口には、比較的大きな紙貼り、漆塗りの衝立が置かれ、虎がうなっている絵が描かれたりして威勢を示した。

沖縄の民家は赤い瓦を漆喰で閉じて、それにシーサーが載って睨んでいる。そのような民家の道から入ったところにあるのが、「ひんぷん」で、漢字では「返風」とも書くらしい。この壁は「衝立」と同じで、門から強風や視線の抜けるのを防いでいる。中国の「照壁」という形式と同じだそうで、現代ではコンクリートブロックなどでつくられている。

平安より古く、奈良時代の公家屋敷は構造が開放的だったため、壁が少なく間取りを細かくすることなく、防寒、防風、人目を避けようとしたから、各種の屏障具が発達した。結果として「几帳・屏風・簾・障子・帳台」ができあがったのである。一般民家でも莚などを屏障具としたが、後世になり間取りができるようになると退化していった。

家の開口部や間仕切を隠蔽する用具が「建具」である。開口部には板戸・雨戸・格子・蔀・障子がはめられ、「間仕切」に板戸・帯戸・中すかし戸・襖・障子があり、夏の通風には襖・障子を外して「簀戸・簾・のれん」を使う。外部はやがてガラス戸が取って代る。

さて「障子」だが、古くは「さうじ」だったという。衝立の類いが始めで、後に長押の下にはめ込み、さらに溝のある敷居ができて開閉されるようになる。「衝立障子」のほか、「襖障子・唐紙障子・明り障子」などの総称が障子である。その襖や唐紙に対して、組格子に薄紙や生絹（すずし）を張ったものを「明り障子」という。腰板のあるのが「腰障子」、高さ六〇センチの腰板は「腰高障子」、腰板に桟を打ったものを「打子物・うちこもの」、平板のものを「木地腰障子・きじごししょうじ」という。障子を一部引き上げるのは「雪見障子」で、やがて一部にガラスが入る。

「のれん」は平安時代のもので、T字形の横木に「帳・とばり」をかけて垂らした「几帳」と、「長押」から「幌」を垂らす「壁代・かべしろ」などで間仕切りとした。「暖簾・のれん」は布製で、人が通れるように何枚かに割るのが普通である。商店は屋号を染め抜いてかけ、大切に扱われたから火事の時には持ち出すのが商人魂で、従って支店をつくると「のれん分け」と呼ばれるようになる。

最後は「簾・すだれ」だが、竹を細く割ったものや、芦・葭を編んだものを巻きあげるのが普通だった。平安時代は上等なものを「御簾・みす」として、貴人の前に下げた。現代では日光除けに使うが、当時でも民家では軒下に下げ、粗末なものを「葭簀・よしず」といい、戦後間もなくできた道ばたの居酒屋は、どこも葭簀張りでしかなかった。

ね

寝間でベッドルーム

No.29

この項目を「ベッドルーム」に割り当てず、「寝間」という古めかしい言葉に変えたのは、意味がある。今さらあらためて、濱口ミホの論文にふれるつもりはないが、実は体験の一部を書きたかったからである。

私の生まれたのは、母方の家であった。祖父は伊勢神宮の「御厨鎮護・みくりやちんご」の社として祀った「仁科神明宮」の宮司であった。伊勢の一志郡から来て一志姓を名乗り、農業を営みながら祭祀の際には礼服を整え祀りを司っていた。そこで生まれて、その農家の田の字型平面や、祖父の「寝間」の異様さ、座敷、でい、ゐろりなど、目を見張るような思い出が幾つもあり、それを考えていた。

その家は一九七〇年代にはなくなって、現代風に建て替えられてしまったが、夏休みなどで長期にわたりそこで過ごした。蚕業

「手枕に花のうわさや春の宵」
出典／安田義章監修『クラシックアート・コレクション　第4集』二見書房

も営む農家の生活の大変なこと、山林に入って自然と接触すること、川で泳ぎ畑でなす、きゅうりをもぎとることを覚えた。だからゐろり端のしきたり、風呂の入り方、貰い風呂の方法、井戸汲みの方法、田のあぜのつくり方、田植えの仕方、味噌のつくり方、肥料のつくり方まで、眼で見て覚えた。父方の家が町中の小間物屋として、町の婦人たちに髪油や化粧具などを売っていたのと対照的で、今考えるとその両方が、知識の両天秤になっている気がする。

さて本題の「寝間」である。日本の東西どちらの農家の間取りにも書かれているように、「土間」があり「でい」という日常の間があって、「座敷」というハレの日の場所がある。そして働く場所は「土間」と「かって」である。その間に「ゐろり」があって食事の空間となる。それらの中間にあって、日中は開かずの間の「ねま」が、祖父母の寝る部屋であった。

近代以前の住宅では、必ず寝間という部屋があり、暗かったり湿気が多かったりする。古い名称では「へや・ひや・なんど・ちょんだ」などで、外部に面して土壁、入口も閉鎖的で、プライバシーと冬の寒さのために戸を閉めた。江戸時代中期で本綿の夜具を用い、一九五〇年代でも北信州の秋山郷あたりでは、「寝箱」といって藁を厚く敷いていたという。

この古い寝間制度では、家長夫婦以外の家族は、寝るところを持てない。隠居所ができて初めて若い夫婦が寝間に入る。ということは寝間以外の場所には、プライバシーが少なかったということになる。事実、先にのべた祖父母の寝間は、板戸の引違いで閉め切られて中は万年床、三方は壁でほとんど押入と同じ状態だった。その引違いの板戸の敷居が一段上がっていたように思うが、その寝間を一部とする畳敷きの狭い部屋は四帖くらいで、「小座敷」と呼ばれて子供たちが寝起きする部屋だったと記憶する。事実、その小座敷で幾度か寝たことがある。

平安時代の貴族階級の住まいでも、主屋の一部に壁で囲った「塗込・ぬりごめ」があり、「夜御殿・よるのおとど」と呼ばれる寝間だった。別の「御帳台・みちょうだい」は、帳を垂らした寝台そのものであったという。中世以降は閉鎖的でなく襖で仕切った部屋を使ったが、寝間の入口も古くは一部敷居を高くして、左右に引き戸をつけたそうだ。これなどは祖父母の寝間と同じだから、だいぶ進歩してきたものと判断できる。

さて「ベッドルーム」についてだが、ベッドの普及率は、現代では洋風便器よりも高いことがよく知られている。畳の上に布団を敷いて寝る家族より、ベッドを使う家族の方が多くなっているということらしい。いずれにしても、一日に数時間以上は過ごすところだから、寝間であろうと「ベッドルーム」であろうと、快適でなくてはならない。

今では、LDK2寝室といういい方のように、米国風の表示になっている。つまり、LDKなど当たり前で、幾つ寝室があるかということが住居の基本単位になってきた。その上に各寝室に浴室、便所つきという表示が不動産屋の表にあるようになったが、便所やバスルームが寝室近くにあるのが、ステータスの一部になりつつあるのが現代である。

ね

その2 寝ても覚めても富士(中村邸/一九七三)

No.30

山中湖の北東、なだらかに登る「茅取り場」の斜面を、富士山麓開発の名で別荘地を売り出した会社があった。区画すべて斜面で、それを数百の敷地に区切って売り始めた。社長に紹介してくれた人がいて、設計に参加できたのは幸運だった。最初の仕事は、斜面でもこれほどの別荘がつくれることを示すために、モデルハウスを二軒建てることであった。

平島二郎という若くして亡くなった建築家は大学の一年先輩で、彼も社長に紹介され、別に二軒のモデルハウスを設計することになり、いうならば競合になった。当方は斜面のままに道から下がっていく家をつくり、苦労して斜面に束立てや柱立てをして「貫」を絡めた。一方、平島は道から水平に入って車を楽に置き、大きなバルコニーを突き出す家を設計した。下から見るとバルコニーと、家を支える幾本ものコンクリート柱が目立ったが、普通

中村邸西面全景

の生活ができることと、展望のとり方からいって評価は勝っていた。

モデルハウスを見た顧客の幾人かが、その会社を通じ、また会社が私を推薦してくれたために、それからしばらくは山中湖畔に通って毎年数軒の家を建てることになった。朝日のあたる富士山を見ることは少なかったが、夕陽に浮かび上がる富士には何度も会った。山中湖に逆さ富士が映るのも見た。赤い富士にもお目にかかった。開発地の一部は真正面の西に、その容姿を見る素晴らしい斜面もあった。ただし見えないところよりも高値だった。

京都の造り酒屋の経営者、中村さんが見にきて最もいい場所を気に入り、その斜面を二つ分購入した。会社から設計者として私が推薦されて、現地で会った。風格のある老人は、声も朗々としていたばかりか、顔色も艶やかで健康そのもの。その秘訣は日本酒のエキスでつくった薬のせいであると説明され醸造とともに、製薬に力を入れていることを聞かされた。そしてそこに建つ別荘は、ひたすらに富士山を拝むため、寝ても起きても正面に富士が見えるように設計してくれという。風呂に入っても食事をする時も富士が見えるとなると、全体が斜面だから、長く連なる西向きの家にならざるを得ない。

玄関とガレージは、道からすぐのコンクリート造にして、ガレージの脇には運転手の小部屋を置く。それから昇って、一番良いところに寝室と浴室を配置し、さらに数段上がると食堂で、そこから中腹につくったテラスに出る。食堂の先の次の間付きの八帖間は、床の間、飾り棚付きで、縁側が西と南をめぐるようにした。つまりこの畳の部屋が客室で居間にもなり、床の間を背にして縁側の雨戸をすべて戸袋に収めると、一八〇度の展望が開けて富士山がパノラマになった。

敷地面積二一〇坪（六八五平方メートル）、三一坪（床面積一三四平方メートル）と記録にあるが、長さは一四間（二五メートル）になったから、ひと尾根をほぼ全部、横板張りの瓦棒片流れ葺きで遮蔽することになり、東の敷地からの視界を妨げる。そこで階段のある部分の二間（三・六メートル）を、ガラス張りにして視野が東西に抜ける部分をつくった。閉鎖感を少しでもなくそうと考えたのである。

風呂に入ってもベッドで起き上がっても、ガラス越しに富士が見える。階段をあがり和室に向かって歩く時も、食堂で洋風の椅子に座っても和室の座布団の上でも、とにかく眼の前は邪魔するものとてない、湖と山だけの世界がつくられたのである。富士と行住坐臥を共にすることで、中村さんは大喜び。京都からやってきて、週末をここで過ごすという幾日かを繰り返していた。後に記念品を戴いたこともあり、十分に満足していたことがわかった。

その二年後、ガレージの入口に金属の扉をつけることになり、京都に呼ばれた。立派な酒造りの本宅で、広い敷地に蔵が幾つもあった。そして扉をつくるにあたり、中村家の紋所をその額につけたいといわれ、紋所を渡された。商売繁盛のシンボルである「丸に蔦」の紋で、桧の一枚板を扉の上部に渡し、その中心に紋所を彫り込んだ。

別荘をつくって、建主に気に入られてその優雅な気分を聞かされても、その家に泊まることのないのが建築家の宿命である。どんな具合であるのか、推測する以外はない。

な

中庭、内庭のこと

No.31

大学一年生の、最初の建築設計の課題は「小住宅」だった。確か敷地も床面積も限定されていなかったと記憶するが、手に余った。やむを得ず、外国雑誌を取り出す。その頃『アート&アーキテクチャー』誌が「ケース・スタディ・ハウス」という試みをしていて、カリフォルニアの新住宅を幾つも紹介していたから、それを参考にした。ラファエル・ソリアーノという建築家の平家が気に入って、その平面をほぼ踏襲し、それを一枚のケント紙にパースと共に墨入れして提出した。

よくわからなかったが、真似をしたおかげで合格点がとれた。その平面は矩形で南面全部がガラス、LDKと寝室が並び間仕切があってわかれていた。ガラス戸が天井までの高さでまわり、カーテンで外部の視線を遮るだけ。こんな家は日本の一九五〇年代にできていたわけでもないし、自分でも見たことのないままよ

「自邸」で昼食をとるレーモンド夫妻
出典/『季刊 アプローチ』2006.秋
竹中工務店

くわからず、生活感も感ずることなく描いていた。

そのコピーの元になったソリアーノの住宅は、別の雑誌でジェームズ・サーバーの漫画だったと思うけれど、夫婦の寝ているところを観光客が外から覗いている光景に茶化されていた。だからその住宅をコピーしたことが悔やまれたし、気になってはいた。

そのような折、『新建築』(一九五三・七)がレーモンド近作住宅特集を出したり、追いかけるように「サロモン邸(一九五三)」が各誌に発表された。その「サロモン邸」を見て、目からうろこが落ちた。木造平家のその住宅には居間に続く客室があり、主寝室の間にパティオと名づける「中庭」があって、機能空間をわけていたからである。僅か二間角、三・六メートル角の南面した「中庭」が視線をわけ、しかも廊下を明るくし、客室からも寝室からも出られるように配慮されていた。

カーテンの代わりに障子があって、日本的でもあるその部分が、ソリアーノのカリフォルニア流では解決できなかった欠点をカバーしていた。それから住宅特集の方もつぶさに眺めるようになり、そこにも似たような「ニッチ」や「坪庭」を見つけ出すことができた。レーモンドの平面づくりの一つの方法がそれであることを知ったのがその時であった。後にレーモンドのもとで働くことになることなど、まったく考えてもいなかった頃のことだ。

働くようになったレーモンド事務所は、「麻布の自邸(一九五一)」と同敷地にあったから、ここであらためて「中庭、パティオ」に出会い、実際の使い方を目にすることができた。そしてレーモンド夫妻が、このオープンな「パティオ」で、晴れていれば三度の食事をする姿を眺めもした。それよりも雨が降れば、その食卓をすぐ脇の「寝室」に持ち込んで、そこで食事をしていたことにびっくりした。学校で教わった「食寝分離」がここでは逆に合体し、臨機応変の処理をされていたからである。

戦前の住宅で麻布にあった「川崎守之助邸（一九三三〜四）」はRC造だが、ここにも四方をガラス戸で取り巻いた「中庭」があり、これは「インテリア・ガーデン」と名づけられていた。僅か六×七メートル角の小さなものだが、石を置き洋風に緑を育て、中央部分に水を湧き出させて外部へ導くという、細やかなデザインをしていた。

考えてみれば「内庭」は京都の町家にあり、通り抜けて裏に至る昔からの「通りにわ」は、当たり前だった。敷地の両側がぴったり隣家でふさがれているのだから、光をとり、石灯篭を置き、つくばいを置いたり植え込みをつくる。風の通りを良くし、汲み取りであった便所への廊下をまわすにも都合が良かった。「坪庭」といういい方もあるが、この方はまわりを囲み小庭園としたり、本当の一坪に近い「坪庭」もあったり、和風の住宅では昔からこの解決法を使っていた。つまりレーモンドが発明したわけでもなく、昔からあったものの応用であった。

もちろん日本だけでなく、イタリアの古い家や、スペインにあり、「パティオ」は世界共通の機能処理である。通りから「パティオ」に入り、その小さな外部から各戸の入口扉に辿り着く、あるいは柱廊がまわっていて、そこから各部屋に入る方法は、古来からの伝統であった。

ら

ラーメンとラワン

No.32

辞書を見ても「ら」の項目は少ない。だから比較的仮名文字の外来語が多くなるのも、やむを得ない。しりとり遊びで「ら」になると、らくだ、ラジオ、らっぱくらいしか思い出せないで困った。今回とて同じで、「ら」のつく建築用語は極く限られることになるのはわかっていた。

建築家の広瀬鎌二が、飯塚五郎蔵の著書の序文に書いている。「かつて、学生に専門知識を与えるというのには何が最も重要なのだろうかと考えたことがあった。どうやらそれは、建築で使われる専門的な、あるいは特殊な用語の意味を理解させることになるのではないかと思いいたった。ラーメンは中華ソバのことではないと教えることが教師の務めではないかと思ったのである」と。つまり「住まいのいろは」では、「ラーメン」をとりあげる必然性がある。もうひとつ「ら」には合板材に多く使われた「ラ

A・レーモンド「笄町の自邸(1951)」の寝室
出典／『自伝　アントニン・レーモンド』1970, 鹿島出版会

ワン」があり、これも住宅では欠かせないような時代があった。

では「ラーメン」とは何かから始めよう。「二つ以上の部材の端部を、まったく回転できないように、固く結合した骨組を〈ラーメン・rahmen〉といっている。……ラーメンは、ドイツ語であるが、建築の分野では、ほとんど日本語になってしまったように気安く使われている。英語でいう〈フレーム・frame〉のことである」（田口武一『建物とストレスの話』井上書院）

ラーメン構造物はいろいろある。集成材による木造、鉄骨造、鉄筋コンクリート造、鉄筋コンクリートの中央に形鋼を入れたSRC造がそれで、ビル建築といわれるものは、すべてラーメン構造だといって良いほどである。もうひとつの「ラーメン」は中国語で「老麺」と書き、日本で大いに栄えてラーメン大学あり、横浜にはラーメン博物館あり、テレビでは連日のようにうまいラーメン店を紹介するほどの、最もポピュラーな麺類であることはご承知の通りだ。

冗談をいっている暇はない。次の項目である「ラワン」は合板材に多く用いられてきた。その樹脂性接着剤に耐水性、耐熱性に優れているが、発ガン性物質を含む、ホルムアルデヒド（ホルマリン）が使われたため、「シックハウス」の主原因として問題視された。

昭和初年から「ラワン」は外材として、東南アジアから輸入された。平家物語の娑羅双樹も「ラワン」の一種だという。あまりにも多く加工材として使われ、森林を絶滅させたとして、今は輸入制限を受けている。多用した頃は表面に一ミリの孔があき、白い粉がこぼれて困ったがヒラタキクイムシによる被害だった。また五ミリ以上の大孔はオオナガシンタイという甲虫のしわざで、これらの虫を殺すために、有機リン系の殺虫剤が使われたらしい。これは長期にわたって摂取すると、中枢神経に作用して精神疾患になりやすいともいわれる。シロアリ退治に使われてきた殺虫剤と同じ類いのものだからこわい。

「ラワン」はロータリーベニアとして、大根の「かつらむき」のように丸太を剥いて、それをホルムアルデヒド系の接着材で貼り合わせて使われてきた。一九七〇年代の食器棚のホルムアルデヒド問題から、一〇年後にＪＡＳ（農林規格）により、ホルムアルデヒドの放散量規格ができ、Ｆ1～3の基準を決めた。Ｆ2はＦ1の一〇倍、Ｆ3は二〇倍の放散量、Ｆ1は気中濃度が〇・一ppmで、ＷＨＯ（世界保健機構）の基準〇・〇八ppmより遥かに高い（能登春男、あき子『すまいの複合汚染』三一書房）。

森林保護からラワン丸太の輸出は止まったが、現地で合板をつくって輸出しているらしい。とするとＪＡＳ規格はなく、安全性はさらになくて、他材の合板でも危ない。床の合成材、ビニール壁紙もホルムアルデヒドの心配がある。防ダニシートにフェンチオンという、有機リン系を使用した例もある。

「ラワン」の表面は木目が一定で、時には柾目に見えてよく使われてきた。六ミリのロータリーベニア、真鍮釘打ちはレーモンドスタイルの壁面の象徴でもあった。そしてこれが二〇～三〇年経つと、下地の胴縁や間柱を白く浮き上がらせ、全般に黒ずんでくる。つまりラワン合板は息をしていて、壁内部へ室内の空気を送っていることになる。ベニアとは英語でveneerで「まがいもの」の意だから、普通はプライウッドと呼び、合板というのが正しい。

ら

その2 ライトもどきの家（NM邸／一九八一）

No.33

ある日のこと、知り合いの『a＋u』編集長から、事務所に電話があった。彼がいうには『a＋u特集　フランク・ロイド・ライトと現代』（一九八一年七月号臨時増刊）を見た未知の人が来て「ライトのような住宅が欲しいから、設計者を紹介してくれ」とのこと。それも掲載された住宅の写真を見て「そのような家が良い」といって、「ウィリッツ邸（一九〇一）」や「バック邸（一九一五）」を示したらしい。

そこで編集長は「どちらの写真もあなたの撮った写真だったから、思いついて電話をした。どうだろう、その方の設計の相談に乗ってはいただけないか」というのである。珍しい橋渡しもあるもの、今まで雑誌に自分の住宅を載せたことはあっても、名指しの依頼人はあらわれないのに、ライトの住宅の撮影者に設計を頼むということはまことに奇跡だから、見逃すことはあるまいと引

NM邸の正面

き受けることにした。このようなことは、それ以後にもあらわれたことはない。

そこでNM氏に新宿でお会いして話を聞くと、この方はシカゴに行って「ウィリッツ邸」を見ていたことがわかった。それも並大抵の理解力ではなく、特にこの家の特徴である和風の気配を嗅ぎ取っていた。確かに「ウィリッツ邸」には和風がある。ライトのプレイリー住宅の中でも典型的な例で、平面は東西南北にのびる十字プランである。軒が大きく張り出して、中央の居間と二階の主寝室は前面にとび出し、二階では軒の左右が隅落としされて、羽ばたくような大屋根が特徴だ。これはレーモンドの「東京女子大学図書館（一九二九）※現在は本館となっている」の正面の形を、思い出していただくとわかる。

しかしこの「ウィリッツ邸」は、その居間の前面のテラスが、白壁と笠木の載った築地塀で囲われるなど、日本風に事欠くことがない。ライトはこの家を完成して、建主ウィリッツ夫妻に喜ばれ、これほど日本に気があるのならと、夫妻と共に日本に初旅行することになり、これが一九〇五年のこと。ライト研究家の谷川正巳が日光の金谷ホテルの宿泊者名簿の中に、ライトのサインを見つけ、従来の一九〇六年来日説を訂正したことからもわかる。

そしてこの「ウィリッツ邸」の玄関を入ったところにある、吹抜けの見事さをNM氏は礼讃した。さらにもうひとつ、シカゴのダウンタウンに近いノースサイドの「バック邸」の、小さな十字プランにも関わらずパーゴラが軒と共に突き出す、立体的な美しさも賞讃する。このように部分的なところまでよく見て、特徴を掴んでいることに感心して、設計図を描くことになった。

とにかくライト風でなくては、受け取ってくれない。平面的にはライトでなくてよいが、外観はライトでなければならない。そこで今までの設計手法を、一時ライトの手法に預けることにした。設計もしたかったし、一度はライトに染まってみたいという気持ちもあった。どこまで妥協できるかという、良心に対抗するような不思議な感情のまま、幾度か折衝を続け直しを重ねた。

外観は「バック邸」の正面に突き出すバルコニーをとり入れた。そして日本風の引違い戸の玄関を入って、脇の階段を昇って二階に行くあたりは、「ウィリッツ邸」の半吹抜けの入口空間をとり入れた。左右の手すりには木製の格子をつけ、吹抜けの上部にスカイライトではなかったが、ステンドグラスの正方形の電灯カバーをつけた。そして居間と寝室の壁と天井には、ライトがやっているような廻りぶちや、長押に似た板をめぐらしたりもした。

つまり、ライト風に見せるために極力部分的特徴を示し、バルコニーやパーゴラの突き出しにしても、二階の主寝室の屋根を隅落としで大きく見せるなど、強調するところをあえてデザインした。あとの部分は今までやってきたように、部屋づくりも仕上げも自分の方向にした。床に絨緞を厚く敷くこと、壁や天井材は良いものを使うこと、できるだけ造りつけ家具にすることなどであった。室内でライト風といえるところがあるとすれば、間接照明にするために、各壁面の鴨居の上に棚をつくったことなどだろう。ドアを開けると低い天井があって、中に行くほど高くなるようにすることで、ライトのやっていた室内空間の演出を図ったのである。

む

むくりとそり

No.34

「屋根」の項が「や」のところにある。だが「むくり」は、屋根がかすかに上にふくらんでいることをいうから、屋根についてはまず常識をのべなくてはならない。建築士試験問題集などは、幾つもの屋根の形を図解で載せているが、代表的なものに「切妻、寄棟、入母屋、方形、マンサード、片流れ」などがある。しかし「むくり屋根」はない。「むくり」がついているとか、動詞で「むくっている」などというのが普通で、プロの言葉のせいか辞書にも見当たらない。ただ「むくり破風」は「唐破風」の一部だから、曲線の破風として説明がある。

「むくり」に対して、屋根面が上に向けて「そり」をつけ、反っていると「てり」がついているといい、「てっている」という動詞も使われることがある。お寺の屋根はほぼ「てり」がついて瓦葺きになっているが、中国の屋根が「てっている」ことから、中

三渓園臨春閣
出典／彰国社編『伝統のディテール』1972, 彰国社

国渡来のものだと理解していいだろう。

つまり日本古来の神社の屋根は、ほとんどが桧皮（ひわだ）葺きで、やや「むくっている」のが普通で神社らしく見える。ただし例外もあり、春日神社は桧皮葺きで「てっている」し、一方でよく知られるように、清水寺のように桧皮葺きで「むくっている」のもある。だが一般には中国系には「てり」があり、日本古来のものは「むくり」がついていると考えられる。

平井聖の『屋根の歴史』（東洋経済新報社）には「日本の屋根の特徴として、屋根面の反りやむくり、軒の反りをあげることができる。軒の反りは屋根を軽快に見せ、そのうえ軒の線が垂れ下がって見えないようにする工夫であるが……」と、書かれている。

東京芸大で同輩彫刻家の澄川喜一は卒業以来「そりのある形」を一貫してつくり、芸大学長を務めた後も、「そり」を日本独特の形としてつくり続けている。彼にとっての「そり」は、材を研ぎ澄ませ刀剣の先の鋭さで空中に浮かせて、伝統的な「日本のかたち」を生み出そうと努力している。

ところがしばらく前に、ある本が出版されて混乱している。それは『てりむくり――日本建築の曲線』（立岩二郎、中公新書、二〇〇〇）で、日本の独自の曲線が「てりむくり」であると主張しているところに問題があった。「日本民族の固有の形と呼べるものがあるとしたら〈てりむくり〉がそれである。漢字では〈照り起り〉と書く。〈照り〉は〈反り〉とも書き、張られたテントのシートがたるんで凹んだ形状をいい、〈起り〉はシートが盛り上って熱気球のように膨らんでいる形状をいう。その二つの形が滑らかにつながった形状を〈てりむくり〉と呼んでいる」といって、「てりむくり」を唐破風に代わる新しい固有名詞に仕立て上げようとしている。

それればかりではなく、「屋根の面が平らなのを直線屋根、反り返っているのを照り屋根、上に膨らんでいる屋根を起り屋根と呼んでいる。照り起り屋根というのは、屋根の上部から半ばにかけて膨らみ、軒先に近づくにつれて反っている屋根のことで……」と、とうとう自ら屋根の形を名づけつくりあげていることが、問題だといいたい。もちろんどんな屋根にも名づけ親がいるのであるが「呼んでいる」と客観的に一般性を持たせて説明しているところも気に入らない。

そして「むくり」とか、「そり」というものが動詞にも使われ、大工たちの独自の言葉でもあって、奥ゆかしく一般化させなかったものを表に出してしまっている。一般化させないで、隠語のようにかすかな拡がりを持つものは、「サブカルチャー」と名づけられる。「てりむくり屋根」という固有名詞が、「日本民族の独自文化を形成した」といい、神社仏閣の軒先にかかる唐破風の形がそれで、建築だけでなく、日用品やおみこしに、そして沖縄の「亀甲墓」にも使われ、日本人の死生観とも深く関わってきた形だとして論じているからもっと困った。

人それぞれ、議論もさまざま、意見を出版しそれを論ずるのも結構だけれど、屋根の形であったら長い歴史や伝承もあること、先人の幾つかの書もあるから、それらの根拠への理解とそれを覆すに足る論拠も持たなくてはならないと思うからである。

む

その2 ムーア流で風の山荘(山本別邸／一九七三)

No.35

山梨県の山中湖畔に「富士山麓開発株式会社」が土地を得て、別荘地に開発しようと考えたのは、一九七〇年初頭のことであった。

その会社の社長からいわれて、モデルハウスを建てる計画に乗った。先輩の平島二郎もその一人で、彼はすでに東京浜松町の優雅なレストラン「クレセント・ハウス」を建て、有名人との知己を得ていた。この別荘のモデルハウスの後、「葉山御用邸」「赤坂御所内東邸」などを建てたから、御用建築家の仲間入りをしたことになる。

さてモデルハウス以後の設計参加だが、四年間続けてその開発会社の後押しで五軒を建て、三棟の別荘マンションの内装、外装を手掛けることになったから、とにかく忙しかった。車で乗り付ける設計屋とは異なり、こちらは朝一番の高速バスで向かう。着

山本別邸
出典／『都市住宅7312 臨時増刊 住宅第5集』1973，鹿島出版会

いたら迎えを頼んで現場に至るという手順で、夏の間から秋にかけて幾度も訪れていた。場所は山中湖村平野、開発地は芙蓉台と呼ばれるようになった、山中湖と富士山に向かう西向きの斜面が多い場所だった。別荘ブームが始まりを告げた頃のことである。

斜面に建てることと、その土地で手に入れやすい材料は唐松、この二つがキーワードだと気がついたから、外部も内部も唐松の横板張りを主張した。別荘だから夏住みやすく、自宅の固さをほぐすように、柔らかな空間であれと願った。その上、居間も寝室も自由なパーソナル空間として脱ぎ放し、出し放しで、次の週末に来たらまた続きの生活のできるようなことを考えていた。

そこで思い出したのが、数年前に幾度か訪ねた、チャールズ・ムーアのMLTWグループ設計、カリフォルニアの「シーランチ・コンドミニアム（一九六六）」であった。この建売り集合住宅の室内は、いわゆる「ジャイアンツ・ファニチャー」として紹介されたが、立体的な空間で、寝室は木造ロフトスペースの中で、四本足で支えられた浮遊空間だった。ムーアのグループは四人だったが、まことに奔放で、それぞれが模型を持ち寄って良いところをとり入れる方法をとっていた。

その結果シーランチの敷地の中には、幾つかの個人用別荘が建ち、それぞれが実に気壗な形と空間を持ち、しかもどれも個性に溢れていた。幾つかの別荘は二川幸夫が撮影して、ムーア特集になったり、ムーアの住宅として紹介されたりした。

山中湖畔の別荘地は幾つかあり、西隣の開発地では吉村順三がグラフィックデザイナーの亀倉雄策の別荘を建てた。聞くところでは内密の作品だといわれていたが「丹下健三別邸」もあった。山下和正のこけら張りの立方体別荘もあり、建築家たちの競演でもあった。当方の芙蓉台はその四年間に増えたといっても数十軒で、茅取り場のために林も木も少なく、それぞれの斜面に別荘が際立って見えていた。そこに形をつくる醍醐味もあり、思い切った形もつくられた。

四年目の最後の別荘は「山本別邸」になった。建主は開発地の最高所を買い、思い切って自由に設計して良いといわれた。そこでムーア流をさらに強調する背骨のような一部吹抜け、一部寝室、最高部に展望台をとりつけた。特に展望台は大きく穴を開けて、風が突き抜けるように考えた。強風をまともに受けたのでは、背骨が突出しているから、風で煽られるのではないかと心配したからだ。

この別荘を「風の別荘」と勝手に名付けた。この「山本別邸」完成後、『都市住宅』に発表するため、所員数人と泊まったが、風の音が激しくて唸るように風が抜けて行くのを知った。雨が降れば恐らく横殴りの雨で、この展望台はずぶ濡れになったはずだ。そしてそこに吹き付けた雨が、建具の隙間から入ったに違いない。ということは幾年かのうちに、雨漏りのために横板にも水が滲みていったのではないだろうか。以後、建主にも会っていないし、社長の亡くなった開発会社もどうなったか。これを機に何れにしても手の掛かるのは別荘だと認識したばかりか、維持に気をつけなければならないと知った。

う

内法の「う」

No.36

「うちのり」①箱状の構造物の内部のさしわたし。②柱と柱との内側の距離。③鴨居と敷居との距離。④鴨居のこと（以上『広辞苑』第四版）。

「内法 ―うちのり― 寸法とは、室なら室の、相対した壁の内側から内側までの寸法である。それに対して真々 ―しんしん― 寸法とは、壁の真、つまり中心線の間隔である」（清水一『私の建築事典』）。ただし清水は、このあとに幾つかの説明をつけている。要約すると日本では古来、室の寸法を真々で計算したが、西洋では内法寸法で割り出す。これは壁が組積造のせいだが、日本は真壁づくりで、内法でも真々でも大して違わない。真々の方が計算が簡単だからとある。

そのほか鴨居と敷居の間の寸法を「内のり」といい、「それから転化して鴨居そのもののことを〈うちのり〉といったりする。

慈照寺東求堂内部
出典／彰国社編『伝統のディテール』1972, 彰国社

大工が〈内法をつける〉といったら、柱と柱との間に鴨居をとりつけることだと思っていい。鴨居のすぐ上の壁の中には貫（ぬき）が一本通っているが、これは〈内法貫、うちのりぬき〉という」とある。
昔といっても、尺寸で測っていた僅か二〇年前のことであるが、「内法」といえば五尺七寸（一七三センチ）だった。だが今では身長が伸びて、とても五尺七寸では足りない。日本に軍隊があった頃、徴兵されて甲種合格となるには五尺三寸以上なければならなかった。だから当然「内法」も五尺七寸で足りたはずである。
「内法」の「法・のり」であるが、法は土木用語で石垣などの「垂直面からの傾斜をいい、この面を法面〈のりめん〉という。法律の法という字であるが、本来宣る（のる）という古語から規則を宣言する意味となり、ノリト（祝詞）もこれに通じるものである。数学では、曲線の接線（切続）に接点から直角に引いた線を法線〈normal〉という。このノルマルは規定という意味もあり、前述のノリと語呂が似ていて覚えやすいという人もいる。ロシア語のノルマはラテン語から来たそうだが、規定労働量のこと」（飯塚五郎蔵『建築語源考　技術はコトバなり』）
飯塚五郎蔵は一九九三年に亡くなったが、遺稿のまとめは、横浜国大の構法を継いだ石井一夫教授だった。この本はまえがきが飯塚の名で書かれているが、あとがきが石井一大になっている。飯塚教授は「建築用語辞典」を書きためていたらしい。彼の描いたと思われる図や、挿画があってわかりやすいのだが、授業にあたっても極めて細部まで描き込んだ手書きのテキストが残されている。まだコピー機がない頃で、謄写版で刷って学生たちに渡していたから、非常に努力家だった。
特にこの本では得意の構法のコトバが多く、それを鳥獣擬語、草木果菜、道具・品物などに分類しているから面白い。すでに矢田洋が「建築用語を漫歩する」で、動物を集めた文章が雑誌に出されていたから、遠慮していたのかもしれない。それを掘り起こして本にしたのだが、それでも一五〇頁を超える頁数になっている。

本題の「内法」に戻ろう。「レーモンドスタイル」には度々ふれているが、これは仕方のないこと、育ちの中の一部だから時々出てくる。その「内法」は尺寸を使い、六尺五寸（一九七センチ）が多かったというのは、しばしば変えたからだ。日本の「内法」は、五尺七寸か六尺で決まっていたが、レーモンドは人によって変えた。外国人の背の高い人のためには七尺（二一二センチ）を、また、ある時は六尺一寸（一八五センチ）も使っている。

当人の「自邸」は六尺五寸、教会も六尺五寸を使った。そして「内法」に限らず、フィートとほぼ同じに寸法をいえる尺寸を終生使った。アメリカ人との交流もあり、寸法を聞かれる時に、そのままで話が通じたからだと思う。一方、メートルの方はいつもわかりにくくて、馴染めなかったようだ。

「芯外し」という言葉は、私の『レーモンドの建築』（ＳＤ選書）で初めて使った造語である。存命中にはそのような言葉は生まれていないし、柱の芯からずらした戸障子で、開放することを特に呼ぶ言葉がなかったのも、不思議なことであった。

う

その2 内庭のある家（ＴＧ邸／一九九一）

No.37

もう三〇年にもなる。横浜の朝日カルチャーセンターから話があって「暮らしと建築の美学入門」を、毎週続けて一二回講義をすることになった。東京で始められたのが、横浜に飛び火した最初の頃だった。いわゆるカルチャーブームの始まりで、とにかく誰の橋渡しであったのか覚えてもいないけれど、有り難い話とそれに乗った。

一週に一度、横浜大通りに面した横浜朝日ビルでその講座を始めた。クラスには約四〇人ほどの申し込みがあり、男性は数人で、あとはご婦人ばかり、若い人の少ない教室であった。三か月分の教材をつくり、それを何とかこなした。しかしこの講座は、毎週連続で一回は実地見学込み、受講料も比較的高くて一か月五七〇〇〇円、三か月で一五〇〇〇〇円だった。当方の謝礼も当時は、一回ウン万円で有り難かった。

ＴＧ邸内庭、右は2階の見上げ

住まいの序論から始まり、住居史を軽く現代の住居から室内論、そして美学とあるから、建築と美という題目も入れた。それに毎回スライドを加えた二時間の講座である。実地見学として横浜だから三渓園へ足を運び、これは半日いっぱいの見学となった。そして好評のうちに終わり、続いて「住まいの美学入門」が七月から九月まで一一回続いた。弱ったことに、参加者が少々入れ替わったけれど、半分くらいの人びとが同じ顔ぶれだったから、同じことを繰り返して話すことができなかったのが辛かった。見学会も前と同じではなく、川崎の民家園に足を運んだ。

当時は若かったこともあって、機材を揃えスライドを運び、どんなことをやったかは、ノートが残っているから今でもわかるが、とにかく一生懸命だった。その二年連続が終わって、次は依頼が来なかったけれど、受講者にさよならを告げると、男性一人を交えた約一五名のグループが、一か月に一度でいいから「住まいの美学」を続けてくれといってきた。悪い気がしないどころか、こんな熱心な人びとの依頼は断われない。この人たちは近くの町の公民館の一室を予約して、センターとは別に講義することになった。もちろん報酬はセンターのように毎回戴いた。

このグループは非常に熱心で、とうとう二年あまり付き合うことになった。次第に講義の内容が品切れになってくると、受講者たちの提案で、実際に住宅を設計してみたいから指導してほしいということになった。毎回同じメンバーだったが、その中の一人が自分の家を近く建て直したい、土地は自分のものだから、何らかの提案がほしいという。そこで模型までつくって競作することになり、私が最良の案を指導するようになった。

こうして、その案が皆の持ち寄りでできると、その本人はその案で本当につくりたいというようになった。その方がＴＧ夫人で、横浜市の北部に当時お住まいの方だった。子供が二人の夫婦で、お住まいの古い家を拝見して、建て直すことになった。これこそまことに珍しいケースで、ひょうたんから駒といえるほどの住宅の依頼になった。とにかく長いこと「住まいの美学」について語った後だから、いかに美学の実習ができるか、その参加した人びとの注目の的の住宅となった。

協同制作ともいえる「ＴＧ邸（一九九一）」だったけれど、実際に設計を始めてみると、何か自分の意志が加わらないと、気が済まないような気がした。そこで美学講座の中でも、時々いっていた吉村順三仕込みの「廻れる家は良い住まい」を、この際実行しようと考えた。中庭をつくり、その周辺を何となく廻れる。この場合は一階の主寝室を通ることになったのだが、それでも玄関、居間、寝室、廊下を抜けて、内庭を取り巻くひと廻りができ、二階に子供の寝室が載ることになった。

確かに一階は廻れるばかりか内庭があり、寝室から浴室や厨房に行くのには便利であった。しかも二階から階段を降りてくる子供たちにとっても、内庭に向かって降りて厨房や玄関や居間に行くのに実にうまく動線が働いた。今さらのように、吉村流の考え方の自由を知った。しかもＴＧ夫妻は中庭に家具を出して、月見をしながらビールとしゃれていた。

ゐ

ゐろり・囲炉裏

No.38

すでに「を」のところでのべたが、難しい仮名文字三字のうちの一つ、「ゐ」をもつ「ゐろり」は例の『廣辭林』にも載っていない。だがここでは「いろり」である。あえて「ゐろり」としたのは、理由がある。それは富山県の利賀あたりでは、「ゐろり」を「ゆるゐ」と呼び、新建築家技術者集団富山支部の人びとは、支部ニュースに「ゆるゐ」と名づけ、すでに一四〇回に及んでいる。そこで「ゆるゐ」という仮名遣いの良さに合わせ、ここでは「ゐろり」とした。

すでに引用した『日本を知る小事典』（現代教養文庫）にも「いろり」の項があり、そこには名称として「ゆるり、ひじろ、じろ、じる、ひほど」が挙がっているが「ゆるゐ」はない。だが形式として四角なもので、一室に二か所も「ゐろり」がある寒い地方があり、関東、東北では土間から土足で入る「ふみこみ式」

ゐろりを囲んで
出典／『住宅建築』（特集「火を囲む」）1975.12, 建築資料研究社

があるという。関西から以西では、小規模なものを採暖用に使うとある。また南西諸島では、寒い時に乳児や病人のために、寝室である「裏座」と呼ぶ部屋に簡単な「ゐろり」を設けると書かれている。「ゐろり」は「囲炉裏」という字をあてるが、「炉」を囲むわけで、「裏座」の「裏」という字があって、何やら日本の家族の秩序のようなものが見受けられる。一般には四角の木枠にはめ込んだ一・二尺（三六センチ）四方くらいで、自在鉤を吊って炊事にも用いる。またその上方には「火棚」とか「ひあま」と呼ぶ、木の枠組みの棚を置き、衣類や穀物の乾燥を図る。

家長の坐る「横座」は、入口から遠い席になる。その正面が「木尻」で薪の尻が廻る焚きつけ役の座だ。「横座」の左右に「かかざ、おんなざ」と呼ぶ主婦の座があり、反対側が「したざ、客座」になる。家族秩序を守るばかりでなく、「いろり」自体が客の接待にも使われたから、席の秩序は大切だった。

子供時代はそのような秩序のあることは知らず、座りやすいところに座ると、それが「横座」で、「かか座」にいつもいる祖母に怒鳴りつけられた。家長の席はその家の主人か、僧侶などの特別な人以外は、客といえども孫といえども座れなかった。

この炉で薪を燃やすから、煙はそのまま高く昇り、「ゐろり」の上に露出する小屋組の太い梁をいぶし、さらに高く昇って茅葺き屋根を黒くいぶし、寄せ棟の棟窓から外へ吐き出されていく。風のある日には煙は台所に充満し、「でい」を仕切っている木製の引違い戸を開けたままでいると、「でい」から「座敷」まで煙たくなって、これまた怒鳴られる。

食事が終わり、一段下にある土間の流しで洗い物が済むと「ゐろり」の廻りで、ひとしきりの家族の会話がやってくる。もらい湯に来た人が浴後に呼ばれ「した座」に坐り、時には酒が出される。それが終って、寝るためには「かか座」の主婦は、火種を深く灰に埋め薪の火を消す。朝起きると、またこの火種をおこして薪をのせるのである。

「ゐろり」には「自在鉤、鉄輪（かなわ）、テッキ」などの用具があり、「自在鉤」は弦のある鍋を吊す。鉤には「自在」がついていて、この上下の加減は子供にはできなかった。まして鉄鍋にみそ汁がいっぱい入っていては無理。竹筒の中に鉤のついた棒を通し、これに梃子がついていて上下できる。梃子の部分には魚が彫刻され、この頭を奥に尻尾を戸口に向けると、福が入るともいっていた。

前記の「鉄輪、テッキ」は、「自在鉤」を使う地方と異なり、両方併用地方もあったという。「鉄輪」には三本の脚があり、鍋を載せる。小さいものは五徳といわれ、火鉢に使われていた。「テッキ」も同じく、四角なものに四脚をつけて物を焼く。

炊事、暖房、照明の火の機能をそなえた「ゐろり」は、用具や電気の発達で、分化していった。そして家族の秩序も、次第に変化した。くつろぎの場は家長を中心として「いろりばた」にあったのに、それが「茶の間」に移り「こたつ」に変わる。農家にもユニットキッチンが押しよせ、煙の出る「ゐろり」の効能は消え、次第に疎んぜられ、それに従って農家に残っていたすべてが変わった。今はテレビのよく見える位置に「横座」が移り、家長の立場もないのが実情である。

の

軒・軒先

No.39

この本を書くのに、十分な研究が必要であることを学んだ。しかしこの「軒」では、改めて勉強が必要だったことを、痛切に感じている。文を書くということは考えること、責任を持つこと、それに加えて今まで頭で考えていたことの復習でもあり、考え直しということも加わる。各項目について書きたいことがあっても、書けなかったこともある。白状するなら、まことに「なんとかの手習い」である。

「軒」とは屋根を葺きおろして、建物の外部に突き出た部分であろう。ところが建築基準法でいう「軒」の高さとは、地盤面から建物の小屋組、または屋根梁等をうける壁、敷桁、または柱の上端までをいい、突き出した先は関係ない。これはRC造などのことを含めるから、こういうことになると想定できる。

「軒」の次に紛らわしいのは「庇、ひさし」で、これは建築本体

平等院鳳凰堂の軒先
出典／彰国社編『伝統のディテール』1972，彰国社

から外側に差し出した片流れの小屋根である。「庇」は本来、窓、縁側、出入口などの上につくり、日光や雨をよける目的を持っている。そして「庇」は「軒」と共に、建具、壁、土台、基礎を傷めないための役割を果たす。最近は建具や壁材が進歩して、どちらの出も少なくなっているが、木造で出が少ない場合は土台に水がまわりやすく、傷みやすいのはいうまでもない。

また「軒」の大きな出は夏の日を遮り、冬の日を室内に入れる。これをレーモンドは来日当初に、日本の伝統だと感じ取り、「近代建築」の豆腐を切ったような四角な住宅は、日本の風土や気候に合わないと考えた。「国際・近代建築」の基準は、構造を見せるとか単純にするとか、大きな開口部を規則的に示すことである。これは日本の伝統的建築や民家にもあるが、軒の出や庭とのつながりは、「近代建築の別枠」ではないかと考えている。

話は変わるが、古代の建築を「三間二面」などと呼ぶ。これを「間面記法」というが、2DKなどと呼ぶ方法と同じく、建築の規模をあらわす表記法である。奈良から鎌倉時代までは、建築は「モヤ・身舎」の本体に「ヒサシ・廂」がつく構成だった。建物は方形の平面と四つの立面を持ち、「モヤ」の間口の柱間の数が三つあれば「三間」、「ヒサシ」のまわる面が前後二面なら「二面」、四面全体を囲めば「四面」と数える。そこで「三間二面」とか、「三間四面」と呼んだ（石田潤一郎『屋根のはなし』、鹿島出版会）。

ところが鎌倉までは「モヤ＋ヒサシ構造」が続くが、奥行の深い建物をつくり、廂の前孫廂が出たりして柱が多くなり、さらに天井を張ることになって複雑な建物が出来始めると「間面記法」は使えなくなり、室町時代に消滅する。代わって天井裏に大きな梁を幾つも架けた架構が複雑化し、屋根の表現が変化し重層化した。

「間面記法」が建物の規模を示してきたのは、二本の柱の上に木の梁を置くと、梁の長さには限度があることから「モヤ」の奥行は梁一本と「ヒサシ」の梁で決まるからであった。それが天井で隠され、つなぎ梁がつくられて奥行を持つようになると、この表記法は使えなくなってしまう。つまり規模を示す単位ではなくなっていった。

「モヤ」は今の「おもや」である。「ヒサシ」とは建物の外ではなく、梁と柱が別というだけで内部でもあった。それが「庇、廂」として、外に差し出されていったと考えられる。そして江戸時代の江戸の町では、十間道路の大通りで、中央の八間が公道往還の通り、左右に水溝をつくり溝から家に寄る一間を「犬走り」とした。この「犬走り」部分に「庇」をかけて、各家々の商業のために、また雨降りの折には町人衆のために「庇」を貸すのを目的としていた。つまり上意により「かしさ造り」といって、軒先をつくったという（前久夫『住まいの歴史読本』、東京美術）。

軒先を出したのは、人の往来に対する心遣いであったのだが、江戸も末期になり、そして明治になると、この一間幅の軒下が屋根下に変わっていったらしい。というのは火事の多い江戸では建て替えが多く、その軒先を大軒、大屋根と合体させて、自分の土地としてしまったといわれ、「軒を貸して母屋を取られる」の諺になったという。

お

おかぐら・御神楽のこと

No.40

平家であった木造住宅に、増築として二階を載せることを「おかぐら」と呼ぶ。これを「御神楽」と漢字で書き、東京の神楽坂のかぐらと同じ字になる。一般には「屋上屋を架す」という諺があり、『広辞苑』では「屋下に屋を架す」と同じとある。「無用のことを重ねてするたとえ」といい、「おかぐら」は余計なことにされ、反対の意味になる。

「なぜ御神楽というのか、大言海によると〈太神楽の曲に、仰ぎて棒を額に立てて、それに錦物など、次第に積みかさぬることあり、これに擬して言えるなるべし〉とあり、曲芸とかアクロバットと同意語と思ってよい。辞書に通し柱のないものと説明してあるものがあるが、通し柱なら丈夫だと速断はできない。通し柱の効用は、建方のときに上下階や寸法的にキチンとつながる定規になるということであって、通し柱の梁との接合部は、枘穴〈ほぞ

山形県銀山温泉の旅館四階建
出典／宿戸晋『日本の商舗　料亭／酒亭／宿屋』1974, 商店建築社

あな〉が掘られて、断面欠損（断面積が小さくなる）を生じ、実際にはむしろ弱くなっている」（茶谷正洋『すまいの語録』）

大変親切であるが、梁の方が柱より太いのだから、常識的に太い梁の上に柱を金物でとめてのばした方が良いと思われる。始めから二階建だと通し柱があり、太い柱を入れたり壁には筋違いが入る。だから「おかぐら」には、二階の構造の補強が必要であるし、梁とぶつからない階段の位置こそ検討を要する。

二〇〇三年三月まで東京理科大学の建築学科の四年生を教えた。神楽坂に大学がありながら、彼ら学生は町のことを知らなさ過ぎるので、見学会をやり調査をさせた。町並みや特徴を調べるグループに、町の歴史を調べるグループも加えた。毎年のことだが「なぜ神楽坂というか」を調べさせその報告をさせると、決まって「若宮神社」に奉納する神楽を祭りの九月半ばに半月ほど練習をする音が聞こえてくるからだと答える学生たちだった。

その若宮町の「若宮神社」にほど近い所に、二五年間住んでいた。神楽の音を聞いたことはなかったけれど、芸者の踊りの練習や三味線を習う音は聞こえた。その住んでいた借家は終戦直後に建てられた二〇坪ほどの平家で、スレート瓦葺きの戦後の統制下の粗末な木材でつくった家で、よく雨が漏った。その度に押入の天袋から屋根裏に登って、漏ったところに受けを置いたり瓦を外して修理したりだった。

何よりも弱ったのは、一方は道路だが南にも北にも隣家が迫り、日照がとれなかったことであった。そこで何とかして日光を入れようと屋根に孔を開けることや天窓を取りつけることなど、スケッチをつくっていた。しかしどうせつくるならと思って「おかぐら」を考える。しかし本体が弱いから、構造を十分に考える必要はあった。それに一〇平方メートル以下なら増築でも確認申請を出さなくていい。

一五年目のことだったが、二階として横長の五畳の板の間を作り、南に窓を開けてその先に物干台をつけた。今まで浴室の張り出しの上にあった物干台は不要になるので、外にあった木製階段をそのまま、この「おかぐら」に合わせて室内に架けた。小さな望楼のような形の片流れの増築は、あっという間に大工が図面に従って作ってくれた。

もちろん、雨の漏っていた周辺の屋根も同時に補修され、まったく雨漏りの心配はなくなる。そして希望通りに太陽の光が入ってきた。奥行き一間に階段の部分が張り出し、南の窓から入る光が階段を下り、今まで日中でも電灯が必要だった一階の廊下に日が差した。そればかりではない。太陽の光の暑いこと、二階は暑すぎて冷房が必要になり、冬は暖房いらず、こんなありがたいことはなかった。

通し柱を使えるはずもなく、松丸太の梁五本の上に、斜め梁を載せたり補強したり、それは極めて気を遣った構造だったが、今図面を見ると、よくもこれで持つものだと思わざるを得ないほどのアクロバットだった。しかし、それから一二年住んだころ、バブルの絶頂期に差し掛かる。ちょうどその頃に地主との契約が切れて、すっかり明け渡すことになった。だからその「おかぐら」は、安全ではあったが、耐用期限前に姿を消したために恥さらしにはならなかった。一階本体は、四〇年目の耐用期限が切れる頃で、間に合ったことになる。

お

その2 おもちゃのような（ＫＧ邸／一九七三）

No.41

富士山麓は山中湖畔の別荘地で、一九七〇年の初頭は忙しかった。忙しい時には、忙しいことが重なる。事務所の繁忙というよりは、とにかく図面を描かせるのに忙しく、しかも現場に行き、建主と話を決めるのをひとりでやっていたから、滅法に時間がほしい頃であった。そのような折のこと、友人が世話してくれるのと建主本人がいってくるのがほぼ同時で、結果としてはどうやらこれは受けなければならない仕事だと判断して、現地で敷地を見ることになった。

案内されて行くと、町田市北部の高台で、石垣と街路樹の美しい上り坂をひとしきり歩いて、住宅地のはずれの丘の上だった。展望もいいけれど、雛壇に造成された一画は石垣の上にあってまことに見事に見えた。石段を一部切り込んで、パーキング一台分にきめる。数段上がって東側に玄関、南はその高さのまま花壇、

ＫＧ邸外部
出典／『住宅建築』1975.10, 建築資料研究社

こちらにも階段があった。建物の位置を頭に入れ、二五坪の家を考えた。

「シーランチ・スタイル」はチャールズ・ムーアが、カリフォルニア大学バークレー校にいた時の基本形だった。しかし彼はイエール大学に招ばれて、シーランチの「コンドミニアム」の完成時には東部に移っていた。彼らのグループも分解し、ムーアはイエール大学の秀才を集めてグループの活動を始めていた。この頃、彼は大学のあるニューヘブンの住宅地に小柄なタウンハウスを求め、内部を大幅に改造していた。このコネチカット風の横板張りの古い家は、面目を一新して現代風に化けていた。

中には三つの吹抜け空間が三階まで貫き、半地下に厨房を置いて裏庭に直結する。今までの各階は見事に一体化して、どの空間も上下左右に流通させていた。つまり吹抜け空間を合板で細長く四面囲ったのだが、各吹抜け別に半円や四分の一円、あるいは正方形を繰り抜いて、空間に相互の流通を図っていたのである。合板を壁の両面に張って、ペンキ塗りでその繰り抜き孔の「こば」を原色で仕上げていたから、どこで眺めてもその半円や角形が重なって、しかも原色の輪が幾つも重なりあい美しい弧を描き、一部に方形が切り込まれたりしていた。

これを数年前に見ていたから、「KG邸」では、居間の吹抜けにこの案が使えないかと考えたのである。

建主は二人の子供の親として、子供らのためにとにかく楽しい家にしてほしいと考えていた。そこでまたまた、チャールズ・ムーアの二番煎じとは思ったけれど、忙しい時にさして良い案は思い浮かばないまま、一部アイデアをいただくに及んだのである。つまり居間をロフト空間にして、二階までの吹抜けをつくり、その一面の一階は食堂と厨房を四分の一の円で見せる。二階の寝室も四分の一だけ円を見せて、ふすまで仕切った。

何よりもその平面は正方形や矩形にせず、居間の直角部分を庭に突出させ、その左にダイニング・キッチン、右に書斎と和室を同じ九〇度違いの三つのウイングにする。つまり南から見ると中央に居間があり、左右にウイングが飛び出すように見せたのである。特にこの居間は、出窓をガラス張りにして窓下にソファ代わりのベンチを置いたから、そこに朝日と夕日が入って居間は温室状になった。二階の上の方からも光が入って明るかった。

これを外から、つまり石垣の下から眺めると九〇度の入り込み面が二つ続き、特に夜間に見るとそれぞれの窓の明かりが九〇度の対面に反射して、まことに多くの光の配列になって賑やかなのである。細やかなそれらの扱いが、半円に切った壁面の切り口の原色と混じって、あたかも「おもちゃ箱」の中にいるかのように見えた。それは外から見ても賑やかな演出効果があり、同じように「おもちゃ箱」だったから、雑誌『住宅建築』に発表した時、「おもちゃみたいな家」と名付けた。

建主は大枚をはたいたのだから、おもちゃみたいとは思っていなかったらしく、あまり気に入らなかったようだ。その後増築の話があって、確か案を提出して同じ工務店に任せていたが、どうやらその先はどれほど現場を見たのか、今ひとつ思い出せない。それに加えて当初の写真は多く撮ったが、増築後の写真は一枚もない。

く

蔵で土蔵も

No.42

最近では、ほぼ死語になってしまった「蔵」、今なら倉庫のことだが「蔵、倉、庫」の字をあてる。家財、家宝をしまう安全な場所が「土蔵」で、四面を土や漆喰で塗った倉庫である。「土蔵造」は土で塗った構造、家屋の様式のことを指す。

「煉瓦」の項で、喜多方の「煉瓦蔵」にふれたように、「蔵づくり」がまちづくりの計画と連動して今に生きていた。このような例は稀ではあるが、川越市の本通りの「蔵づくり」も生き返って保存、再生と観光に役立っている。また滋賀県の長浜市の中心市街地は、まったくさびれた一九八七年に黒壁の「土蔵造」の銀行を町の人が買い取り、呼ばれていた「黒壁銀行」という名から「黒壁ガラス館」に改造した。爾来「黒壁スクエア」という観光名所に変わり、今では「蔵づくり」が主流のガラス店が集まり、町並み整備もできた。

島根県宍道の蔵づくり旅館
出典／宿戸晋『日本の商舗　料亭／酒亭／宿屋』1974, 商店建築社

下田にもなまこ壁の「土蔵造」が観光地の切り札になり、松本でも残っていた「土蔵造」を中心とした中町商店街がある。中尊寺の平泉の北にある江刺でも、「土蔵造」や民家を中心に町おこしを始めている。これらから「土蔵造」にある郷愁かロマンチシズムを、昔から町家に付属していた「蔵」に発見し脚光を浴びる形になった。それに札幌で見られるが、「蔵」が残っていると石造であろうが煉瓦造であろうが再利用の流行になり、それをまた「再生建物案内」としてまとめる会がつくられたりする。「蔵」は町の再生と保全のヒーローに変わりつつある。

「土蔵」が盛んにつくられ始めたのは、江戸時代だという。町家が密集して大火事が頻りに起こったからで、三年に一度の大火の記録があるとは凄まじい。骨組は木造、柱の間に割竹で細かい格子をつくり棕櫚縄で巻き、それに土を幾重も塗り重ね、一五〜二五センチの厚さにする。外側は漆喰で仕上げてから磨いた。関東は黒が普通で、関西は白、窓や出入口は鉄製、外側を厚く漆喰でカバーして火を防ぐ。

「東京の土蔵は、外壁に饅頭型の金物がつき、その先が鍵形になっている。それに竿竹をわたし、濡れ簾を下げて火を防ぐわけである。それだけでなく、窓や出入口の隙間に粘土を塗りつけて、火焔の侵入をふせぐ。そのための粘土を大きな壷の中にたくわえている家もあり、また間に合わせに味噌をぬることもある。落語の〈味噌蔵〉はそれをテーマとした笑い話である」（清水一『私の建築事典』）

しかし「土蔵」は、室町時代から貴人や富商の邸内にあり、先にのべたように江戸時代に入ると、商業建築のシンボルとなった。それだけに盗賊の物語も、「土蔵」を中心にあらわれることになる。「土蔵」の開口部は、火災時に弱点となるから、空気を遮断するのに空隙をつくらないように、扉、枠ともに塗籠めにしたが、これは左官の腕の見せ所となった。建築工事は大工の比重が重いが、「土蔵」は棟梁の指導下でも左官の比重が大きい。

「土蔵」が江戸で普及したのは、幕府の政策によるところも大きかったといわれる。一つは防火対策であったと前にのべたが、もう一つには「奢侈禁止令」にあずかるところが多いといわれる。それは町人の建築に対して三階建を禁止し、金銀箔は使用を禁止、さらに一七〇〇年までに町人は付書院やほりものが、武家でも千石以下は書院、ほりもの、組みもの、唐紙張付けまでも禁止された。その代わり土壁が普及し、「土蔵造」店舗が軒を並べ、台所まわりの塗り壁が出現し、これはぬりものだから贅沢でも良かった。伊豆の長八は、こうして世に出ていったのだそうだ（山田幸一『壁』法政大学出版局）。

レーモンドが「川崎守之助邸（一九三三―四）」のために、「中庭」のある主屋のほかコンクリート造の「蔵」を設計させられたことがあった。初めての経験だったがよく建主の求めを聞き、それに応じて成功したと本人はのべている。『作品集』にはその断面パースが描かれていて、中は二階建、内側は木造で電気ヒーターを下部に仕込み、一部の床をすのこにしている。中に棚をつくり、漆を塗った塗櫃を幾つも格納した様子がわかる。そして上に滑車をつけて、重い櫃を引き上げるところまで描き込んでいる。「蔵」は二つの構造系統の複合であって外殻は防火壁、内殻は木造、開口部は防虫金網、硝子戸、鉄扉の三重、家の女主人が鍵と目録を管理と書かれている。

や

やね・屋根について

No.43

あらためて「屋根」を書くことになり、すでに「むくり」「軒」で少々ふれていることに気がついた。重複を避けたいのに回を重ねる毎に起こることが予想されてこわくなる。

「屋根」という字については、諸説がある。家屋の根だったらそれは下にあることになるが、屋も根も「高い」意味だという古い説もあり、根は峰とか嶺、棟の「ね」で、上の意味だとする説もある。屋棟（ヤ・ムネ）の省略か、屋・胸の省略か、屋の上（ヤノウエ）の省略か、家の根幹をなすから「家根」とする解釈もあり、定まらないという。

すでに紹介したこともある『屋根のはなし』で、石田潤一郎は次のようにつけ加えている。中国語でも屋上屋を重ねるという慣用句が示すように、「屋」とは「屋根」と「家屋」を共に意味している。英語でも roofless は「宿なし」を意味するそうだから、

奄美大島の高倉の群倉
出典／吉田靖編『日本の美術 No.60 民家』1971, 至文堂

「屋根」とは、「家」のことだろうとしている。

「イラカ」とは屋根瓦のことになるが、古くは「屋根の先端」で「棟」の意だった。大野晋の著書では、タミール語のirai が家の軒と関連づけられている。また英語のroof は、印欧祖語のkrapo（屋根）に遡り、ゲルマン語や古期英語にも通ずるという。転じてドイツ語の屋根はdach、フランス語はtoit だが、これはラテン語のtegere（覆う）に発する語だから、英語ではthatch（茅葺き屋根）になる。だからマーガレット・サッチャー女史はThatcher であるから、訳せば「屋根葺き」女史となる。

ところがこの著者は「辞書の定義はおかしいぞ」と、甚だ面白い議論を始めている。それは「今日流布している国語辞典にみられる次のような〈屋根〉の説明に異議を唱えたい」という。つまり各辞典は「覆い」として次のように並べている（一部省略）。

日本国語大辞典…雨露・寒暑を防ぐ建物最上部のおおい。

岩波国語辞典…建物の最上面、日光、雨・雪、寒暑を防ぐ覆いの部分。

三省堂新明解…雨露・風雪・寒暑を防ぐための家・建物の上のおおい。

また一方で「葺く」の項では、各辞典共、板・茅・瓦・木の皮・トタン板などで屋根をおおう、またはおおいつくるとのべ、「覆う」という語の説明をしている。

だから建物は屋根で覆われ、その屋根を茅や瓦で覆っていることになるというのである。瓦は葺かれた時から屋根の一部となるから、屋根と別物ではない。「むしろ、葺き材を剥ぎとられた屋根はもはや屋根ではなくなる。それは単なる小屋組であり、屋根下地にすぎない。……屋根は建築を成立せしめている……主要な要素である」と厳しい論を張る。

『建築大辞典』（彰国社）には、「建築物の上方に位置し外部に面して空間を覆うもの……雨・雪や直射日光から人間を守ることが主要な機能となる。この語は屋根葺き仕上面を指す場合もあるし、また屋根下地、あるいは小屋組まで含めた全体の構造をいう場合もある」と正しく書かれ、建築の内部空間を覆うのが「屋根」だということがわかってくる。著者はこれで満足し、「屋根は建築の〈部分〉と捉えるべきである」とまとめている。

日本の建築、なかでも住居は覆いである「屋根」と、それを支える内部空間の開放性によって象徴性が位置づけられている。ヨーン・ウッソンは「シドニー・オペラハウス」のコンペのスケッチで屋根が雲のように浮かんでいる、日本の家屋を表現した。つまり屋根こそが空間をつくり、生活を守り、建築を主張する形だと考え、オペラハウスの屋根のシルエットを生んだと思われる。

「庇」のところではのべていなかったが、日本の伝統的建築では、本体の建築に附随してさらに空間を庭の方に引き出し、柱を立て縁を張ることによって、内部空間と庭園という外部空間を結びつけている。早くいえば「あいまい空間」とも呼ばれる「庇の下」であるが、この仕掛けによって、もう一度自然空間との結びつきを確かめているといえる。「屋根」が内部空間を覆い、深い陰影をつくっているばかりか、「庇」はさらに単純性を破って、奥床しさと自然との深い握手を示したものと考えられる。

や

その2 やねがとんだ(K邸/一九五八)

No.44

長い設計屋生活のことで、愚かしいこともあり、とんでもないことや、びっくりすることがあってもおかしくない。しかし、建設中に屋根が全部飛ばされて、それが一〇〇メートルはあろうという遠方まで凧のように飛んでしまったのには、さすがに肝が縮んだ。びっくりを通り越して恐怖感が先走ったほどだった。

今では恐らく行き着けないと思われるほど、遠い横浜市鶴見区だった。半世紀近くも前のことだから、道は同じでも建て詰まっていて、しかも街は様変わりしているだろうから、行ってもわかるまいと思う。当時はその「K邸」の辺りに畑が広がっていて、その一角だけに人家が集中して建っていた。掃きだめに鶴というほどのことではなかったけれど、平家がぽつぽつ建つ程度だったから二階建は大きく見えた。この家の建前に参加して、柱と屋根材だけの真ん中で、たぶん居間の位置だったろうけれど、板を渡

K邸南面

してその上に酒とつまみが置かれた。

棟梁が棟に御幣をつけて参拝し、建前の儀は酒を酌み交わす。今のように全員が車で来る時代ではないから運転手だけが酒を控えて、あとは冷や酒を茶碗であおる。するめや柿ピーがあって、赤飯の折詰は持って帰る。いつも決まりだったがご祝儀をいただいて、無事に儀式は終わった。

翌日からは屋根葺きが進み、外壁に手を出す前に柱のたて入れに念を入れる。まことに素直に前面が四間半、奥行きが三間で、サービス部分が平家の下屋となる矩形平面であった。南面には一間の二階バルコニーがついて、中央が三間、左右に四・五尺がついて六本の柱が支える。バルコニーの下は居間食堂になっていて、その上部は切妻の庇がさらにとび出して、大きな屋根と見せる。その頃、幾軒かこのような南側にバルコニーを持った、柱の並ぶ家を繰り返していた。

建前の後、仕事ははかどっていたが、それでも建具はとりつけられていない。ということは二階の寝室の間仕切り壁もないから、南の小高い丘から眺めると、六本の柱と屋根に囲まれたスケルトンだけが目立っていた。そしてその見え方が恰好良くて、安心してその日は現場から離れた。まだ経験も浅い日の住宅づくりだから、一応形が良くできると嬉しい。事務所勤めの身だから、翌朝はレーモンドと顔を合わせなくてはならず、嬉しさだけではやっていられない。

さてその日のこと、夜になると風が吹き始め、どうやら秋の始めで台風のような模様。その頃はまだテレビもなく、ラジオの天気予報も大した予報もせず、台風が近付いたとしても近頃のように幾日も前から騒ぐことはなかった。だから一向に気にせず、レーモンド事務所に風の中を出向いて、仕事をしていた。とその時、朝一番で工務店の社長から電話があった。「屋根がとばされた」というのである。そこはアルバイト仕事の住宅のこと、本来なら早速出向くところだが、勤め先であれば出るわけにもいかず、工務店に処理を頼み、現場行きは翌日だった。とにかく、どうなったのか詳細はわからず、動転していたに違いない。

時間をやりくりして現場に行ってみると、すべては収まっていたけれど、その切妻の大屋根は北の彼方の畑に舞っていって落ちていた。人畜に被害はなくてひと安心したが、とにかくトタン板がぐしゃぐしゃに丸まったのを見て、腰を抜かした。柱は立っていて、バルコニーは無事に残っていた。しかし母屋とたる木を十分に緊結していなかったその折だったから、たる木、屋根板毎そっくり一〇〇メートル飛んでいったことになる。

夜間のことだったから、飛んで行く姿は誰も見ていなかったろう。落ちた先に人家はなかったから、音で悲鳴を上げたり一一〇番をかけたりすることもなかったのは、不幸中の幸いというべきか。困っていたのは工務店の社長で、今も付き合っているが、時には思い出すらしく話が出る。「いろいろあったが、あれには驚いた」と。爾来、何はともあれ、屋根を早々に緊結すること、手違い金物を充分に垂木ごとに打ち込むことは忘れなくなった。

ま 間尺(ましゃく)のま

No.45

「間尺に合わない」「大工手間にもならない」というように使うと、矢田洋の話の中にあった。「間尺(ましゃく)」とは、家具や建具寸法の割り出し方で、「間尺に合わない」とは、うまい寸法割りができないということだそうだ。あるいは寸法の割りが合わないともいう。つまり理屈に合わない、働くほど損だというように、金の勘定の合わない、損をしてしまう、手間にもならないことに転じてしまったものらしい。

建築用語と裟婆用語は微妙に重なり合っていて、建築界専用の語が寸法と素材という大きな要素でできているために、時々うまく裏を合わせたように、その言葉を日常生活面に転じて使われていると人はいう。その一つに「これは誰の差し金だ」などというい方もある。意味は寸法割りの基本である「差し金、さしがね」、つまり規矩術(きくじゅつ)で、「曲尺」からきている。

はかる(DIY)
出典/R・Ball, A・Pittaway『Whole House Omnibus』1977, Astragal Bks.

「こういう段取り、寸法どりをしたのはどこのどいつだ」といった具合に訳す。

もう一つの例では「杓子定規にかまえる」というのもある。こんな程度の設計料じゃやっていけない、間尺に合わないと言い張るのが「杓子定規」である。なんとかすればその設計料でもやっていけるのにもったいない。つまり「杓子定規」の「杓子」とは曲がっているもので、まっすぐでは水が汲めない。曲がった「杓子」で、まっすぐなものを測る基準にしようと言い張るのが「杓子定規」で、もっと融通をきかせれば人生うまくいくのになぁと、いつも脇方にいわれる人がいるようだ。

日本の尺度を考えてみると、このような諺が生まれてきた理由がわかってくる気がする。人のいっていることを聞き、または「ある人」のいっている言葉を聞いて語源などにふれると、なるほどと思う。諺に関わる言葉は、語源やそのいわれてきた歴史やその淵源を知ると、不思議に納得してしまう。特に大工の専門用語と袈裟用語との短絡とか、「昔から応用してきたのだ」とか、「例えに専門用語を使ったのだ」などといわれると、そういうものかと思う（矢田洋「建築用語を漫歩する」『言語生活』）。

日本の尺度は、まことに特有だった。まず「曲尺、まがりがね」がある。「さしがね、まがり、かね」など金属製の大工用のもので、現行の尺より二厘短く、三〇・二四センチ。次に「呉服尺」があり、「曲尺」で一・二尺あり「くじら尺」とも呼ばれた。本当の「鯨尺」は一・二五尺だが、後にこの寸法になり、一八七五（明治八）年に「鯨尺」が残り、「呉服尺」は廃止された。「鯨尺」はメートルの六六分の二五の長さと、計量法に残されている（小泉袈裟勝『単位の起源事典』東京書籍）。

一般用の「かね尺」である古い尺貫法の「尺」は、三〇・三センチ。日本のメートル法制定は一九五九年だが、永六輔らの努力で一部生きていて、「尺」はメートルの三三分の一〇となっている。英米のフィートは足の裏の長さからきたと言葉からわかるが、これは三〇・五センチで「尺」よりも〇・二センチ長い。しかし人体を基準にするこの寸法は捨て難い（小泉袈裟勝『ものさし』法政大学出版局）。

次は「間と尺」、「間」は柱間で、長さの単位ではなかった。柱の配置から必要になり、検尺用の「物差」になる。しかし六尺五寸間、六尺三寸間などと権力者や地主の都合で決められ、新たな開墾地では六尺五寸間で面積を割り出したという。土地税を安くするために、六尺より多い長さで開墾地面積を少なめに数えたらしい。土地用の「間」は江戸時代に六尺になり、「度量衡法」も一間を六尺とし、一・八一八一八メートルが未だに生きている。

関東の田舎間では六尺が一間、京間は六尺五寸が一間である。京間畳は長さ六尺三寸、京間二間の十三尺間隔に四寸角の柱だと、柱と柱の内法寸法は十二尺六寸。これが京間八畳の内法幅、だから六尺三寸の畳は二枚ぴたりとはまる。関東では柱芯で畳寸法を決めるから、柱の太さで畳の長さが違う。ここにも余裕と、日本の国内での大いなる違いがある（清水一『私の建築事典』）。

間も尺も、かくの如く日本の国内でありながら、「間尺に合わない」幾多の寸法違いや、部屋の大きさの違いを示してきた。これらの事実から、メートル法が普及しても、まだ部屋も柱の芯心も「間尺に合わない」。一体誰の「差し金」なんだろうか。

ま　その2 マンションの内装（野田邸／一九七七）　No.46

目黒の住宅地に、長く住んでおられるK夫人の家の内装を済ませると、K夫人から広尾の巨大マンションに移り住んだ野田夫人を紹介された。最初の注文は、LDKの一室空間は大きくていいのだけれど、厨房に働く夫人としては、後ろ姿を居間にいる客に見せるのが嫌だとおっしゃる。そこで何かいい知恵が欲しいといわれた。

まことにその通りで、立派なシステムキッチンは一列に並んで壁側にあるから、流しを使う時は居間に背を向ける。LDとの間には仕切りなしで、お尻がまる見えだ。普通ならアイランドキッチンなのに、これでは気の毒だった。

そこで、おっしゃる通りブレックファスト・テーブルをつくること、ややテーブルを高くしてカウンターとしても使えること、すでに流しとオーブンと冷蔵庫は壁沿いにあるのだから、収納の

野田邸（改装部分）

部分を多くとること、加えて洗濯乾燥機をテーブルの一部に導入して、そこから外部に排気できることなどが問題点にしぼられてきた。このためには、食卓は普通でも食卓の下部を有効に使うこと、そして四人家族が朝食時に坐る寸法をとると、残りの部分の使い方が解決になるとわかってきた。

食卓はせいぜい一・五メートルあればいいから、あとの部分をいかに使うかがこの際のキーポイントである。スケッチを描いて提案したのは、一体化した「ジャイアンツ・ファーニチャー」で、またしてもチャールズ・ムーアが色を塗るのに、女性デザイナーのバーバラ・ストウファッチャーを登用して、数々のアイデアを出させたところに思い至った。こうして考えたのは二・四メートルの天井に届く間仕切りを兼ねた物入れで、その背後に洗濯乾燥機を隠し、一部は居間との間を抜いて、流通性を持たそうという考えである。早くいえば洋風の床の間で、居間から見るとニッチがあって、背後が厨房に抜けて立体感があるというだけのもので、特別に細かいことは考えなかった。

しかし、ブレックファスト・テーブルはやや高いので、四脚のカウンター用腰掛けが必要になる。それも同材の「シオジ」でつくることになり、家具デザインの初コースとなった。加えてテーブルもふちが「シオジ」だから、トップがデコラの白張りで、腰廻りは収納の必要があって持ち出しカウンター・スタイルだから膝のぶつかるところには、紺の膝あて代わりの塗装ということにする。天井までの棚の凹凸には、裏から表から使える部分を限定して多色の原色で色を添える。というようなデザイン過程を経てカラフルなジャイアンツ・ファーニチャーができたのである。

このお宅の話を中央公論の記者に話したら、ちょうど新しく『暮しの設計』が創刊されたばかりで、収納のヒントという特集をやっているから取材したいとのこと。そんなわけで話が弾んで、一九七二年二月号に一部の写真が掲載された。「収納と間仕切をかねたスナック風」とはいい得て妙、さすがはベテランの記者の命名だった。この頃からこの雑誌は「収納」に火がついて、次々と特集を出すようになった。その度毎に事務所にきて、「こんどのヒントは?」と訊かれ、よせばいいのに「収納とはしまうこと、捨てるものあっての整理」などとつまらないことをいったから、今度は整理の特集となって「玩具みたいな家」とか、「山中湖のアパート」などが取材され、一九七六年頃までそれが続いた。

ところで「野田邸」は、厨房との仕切りテーブルに留まらず、夫人の寝室の化粧台に飛び火し、娘の部屋の本棚にもデザインが及んでいった。つまりマンションの各部屋を、次々と美しくまとめることとなった。夫人室の化粧台は、紹介してくれたK夫人の家と同じく蓋を上げると化粧鏡となり、その引出しに化粧品があるという、ノエミ・レーモンド夫人が教えてくれた方法に従ったデザインにした。

また野田夫人は、二年おいてから自分の部屋をさらに改造して、寝台と働く場所、つまり洋裁の仕事部屋を分離したいといいだす。そこで紫色のよろい戸を仕切りにつけて、それも高さ一・五メートル止まりでとめ、そこに自在の照明器具をとりつけ、仕事台とアイロン台を一体化した仕事場らしいところにした。とにかく幾年か、インテリアの仕事を続けていたことになった。写真はDKの間仕切りテーブルを居間から見たところである。

け
玄関と「はきかえ」
No.47

三度目の引用で恐縮だが、また濱口ミホの『日本住宅の封建性』である。三度目の正直か、とにかく「玄関という名前をやめよう」のタイトルを解明しなくてはならない。

「玄関」とは「むかし五山の禅刹（禅寺の意）にはじまり、玄寂（奥深く静かという意）に入るの関門――玄関（フカキトザシ）――という意味から出た……禅に深くこった足利義政が……東山御所を営んで陰棲所としたとき、ここに玄関をしつらえ……これが住宅の出入口に「玄関」という名前がつけられ……るようになった始め」と、この文章は始まる。

これが流行をつくり上層から下層へ、ただし一般人には許されない制度をつくる。そして「玄関」は格式的性格を持つようになり、人間の出入り機能以外に封建社会の身分関係を示す要素を持ち始める。明治以降、誰でも「玄関」をつくることは差しつかえ

吉田五十八「猪股邸」の玄関先
出典／吉橋、本吉、境原、安藤共著『和風からの発想』（『建築知識』別冊）1991.1.建築知識

ないようになったが、経済的余裕が「玄関かまえ」を呼び、ステータスシンボルにもなった。だから「玄関とよばれるところの出入口からその封建的性格を拭いさるために、私はここに〈玄関〉という名前を廃止することを提唱したい」というのが主旨である。

しかしながら「玄関」という名称をなくしても、ひとつ問題が残ってしまう。それは「玄関かまえ」と、「玄関」という靴の履き替え場所のことである。ここが和風と洋風の大きな分かれ道で、靴からスリッパに履き替えることにあると考えているからである。

レーモンドは洋風の住まい方の中に、和風の良さをとりこみ、居間から直接に庭に出ていくことによって内の空間と外の空間の合体を図った。下駄や靴を履き替えていると、その空間のつながりが薄くなり、本当の意味の内外の空気のつながりが弱まる。ひいては内外の流動的な感覚が、具体的でなくなるような気がするからであろう。

もう一度、「玄関」に戻りたい。戦前の上流・中流階級の住宅には、表玄関と内玄関があり、表は客用、内は家族用だった。加えて台所の入口として勝手口もある。しかも戦前には、金持ちや政治家は、玄関脇の小部屋に書生を置いて「玄関番」といった。来客の取り次ぎなどの用のない時は、勉強したり夜学に通った。今に残る有名な人びとの中には、学生の頃「玄関番」をしていた人が多い。

戦後の生活の変化は、玄関をひとつとしたばかりか、勝手口すらない状態が多くなった。まして集合住宅やマンションの場合は「玄関」はひとつで、その方が戸締まりにも便利だといわれる。ドアはシリンダー錠ひとつで良かったが、最近のピッキング対策でふたつに増えている。しかも片開き扉が多い。「玄関」の土間も非常に狭くなり、「式台」は死語で、靴を履くのにも不便な状況が生まれている。腰掛けでもないと「ひも靴」の場合は困る。

それよりも問題なのは、ドアの開閉である。昔の玄関構えの住宅ではガラス戸の引違いで、ねじ込み錠で苦労してきたが、場所をとらなくて良かった。しかし片開き扉となると錠は楽になり、内側からも簡単にロックできる。しかし、集合住宅で耐火建築だと、法規の上でも不燃扉で避難方向への外開き扉になる。つまり、迎え入れるのではなくて、客をいったん外に追い出してから迎えることになる。

吉村順三は、レーモンドの設計趣旨をよく理解していたため、「玄関扉」に内開きを主張してきた建築家だった。法規がなければ、どの場合も内開きにしただろう。そのためには内に開いた扉が、内部の土間に置かれている靴にぶつからないほどの、余裕が必要になってくる。

もうひとつは人を迎え入れることの他に、泥棒に蝶番を外されないというメリットがある。近年、しきりに犯罪が起こっているように、シリンダー錠でピッキング対策をしても、蝶番を外せば扉は開く。外にある蝶番を防ぐ方法は今のところないから、この方が問題である。解決には、内開きでドア枠の「ひばた」が出ていればドライバーも差し込めないから、内開きが安全だということになる。

これらをいくら解決しても、「玄関」のもつ真の段差はなくならない。日本の靴を脱ぐという生活は、道路が良くなっても恐らくなくならない永遠の習慣とも思える。

ふ

吹抜け・アトリウム

No.48

一九六九年一一月号の『都市住宅』に、「人と空間・行動する空間装置としての吹抜」という六頁に及ぶ論文を書いた。今は廃刊になったその雑誌が、「特集・吹抜の方法論」をやったからで、そこにはうちの研究室の計画案と並んでレーモンドの吹抜け住宅も掲載され、久し振りにそれらを眺め「われながら、よくまぁ恥ずかしくもなく」と考えたほどだった。

ついでにいうと、一九七五年に発刊した『住宅建築』は四〇〇号を超えているが、その第九号から四回にわたって「リビングルームと空間の仕かけ」と名づけ、自分の作品や人の作品を「床の変化」、「スカイライト」などでまとめていることもあって、室内の吹抜けや床の差に関心があったように思う。

「吹抜け」は今では住宅にも普及し、床暖房とOMソーラーなどの仕掛けが吹抜けの空気の動きをコントロールできるところか

F・L・ライト
「グッゲンハイム美術館」の吹抜け

ら、寒くて困ったり暖気が上方にいったりすることもなくなり、冒険とは考えなくなった。OMソーラーの考案者の奥村昭雄や、重力暖房、つまり床暖房をコンクリート床に使った、F・L・ライトの先見に敬意を払っても良いようだ。

この傾向はビル建築にも急速にとり入れられ、今では「アトリウム」も珍しくなくなってしまった。高層建築に入って一階ロビーで頭がつかえる感じを受けると、「空間の変化をつける方が良いのに」と思ったりする。ホテルに入っても、空間が高くあがる所や低い所があって、初めてホテルを感じ、低いままだと「ビジネスホテル級」だと思うくらいになる。

その意味で、壊されて犬山の明治村に一部が再建された「旧帝国ホテル」のロビーは、日比谷にあった頃から、いわゆる「吹抜け」の白眉であった。かつて建築家の天野太郎は、そのロビーを「森林をさまよっているみたい」と表現したことがあるが、重なり合いながら各階の部分がロビーの「吹抜け」を構成する有様は、まことに空間を感じさせるものであった。

ここでは清水一の体験談をとりあげたい。「帝国ホテル旧館には思い出がある。この建物はB29の爆撃で半分ばかり壊されたが、やがて進駐して来たアメリカ軍がここを高級将校の宿舎に改造するといい出した。焼け残った室でその会議が行われ……英語のできる連中がお互い何かべらべらやっている。ぼんやり煙草を吸っていると、突然〈アッパッパァ〉という声がした。……おや何を話しているのだろうと椅子から立って首をのばして見ると、青写真のプランをアメリカ軍人が指しているその指の先の所に“upper part of dining room”とかいてあった。即座に何もかも判った。……上の階まで吹き抜けになっているときは、上階プランのその部分に“upper part of ……”という風に書く」(『私の建築事典』)

日本の大工は「吹抜け」を「アッパッパァ」といってきた。その語源がようやくわかったというのである。このような語源を耳で聞いてわかったとすると、彼は大発見をしたように嬉しかったのではないかと思う。私もこれを読んで「目からうろこ」が落ちた。

ついでにいうと、昭和の初め頃にはやり始め、今でも年配の人たちが口にすることもある、女性の簡単服「アッパッパ」もそれである。つまり裾から胸までずんどうで、「アッパッパァ」に吹き抜けている服が、このようなところまで命名されたと見る。

「吹抜け」は上まで風が抜ける。上がガラスだと「スカイライト」から光が降ってきて神々しい。「アトリウム」とは、一階でも二階でもいいが、本来は穴が開いていて光や雨の入ってくる空間である。例えばポンペイの住宅は内庭を囲んで部屋があり、その内庭に「アトリウム」があって日光が入る。そこが家の中心になるが、守り神や祖先の胸像を飾っている。中央には噴水があり、列柱で囲んだ大型のものは「ペリスタイル」と名づけられている。

このように「アトリウム」とは、ローマ建築でいう中庭つきの大広間が語源である。しかも耳の鼓室や心臓の心房などくぼみのこともいうらしい。ガラス張りスカイライトのある吹抜けの意味に転化してしまうと、元の言葉の意味が変わってもっぱら現代風になってしまう。

ふ

その2 富士を額におさめる(武田邸/一九七一)

No.49

これも時々出てきた、山中湖畔の開発会社の仕事である。青山に住む大きな会社の重役夫妻が、是非富士山の見える所に週末住宅を欲しいと、土地を見にこられたという。担当者が土地に案内して、このことを聞いた。

南斜面がいいというのに、西にある富士を見るにはどうしたら良いかと、ひどく悩んだらしい。案内した一人が、難しい問題は難しいことばかりいっている人に解決してもらえ、と社長にいわれたといって、私の方に話をかけてきた。断わる理由もないからと、その区画を見に行って驚いた。

まだ何も建っていない「茅取り場」の一区画第五六号地は、その辺りで最も急傾斜の土地で、だから土地代も安い方に属していたから、すぐ買い手がついたということもわかった。その傾斜は三〇度。大体四五度だったら登るにはあごを出す。六〇度だった

武田邸、富士山の見える窓

ら登るのは無理だが、三〇度でもとにかく登るにも降りるにも足を踏ん張らなくてはだめ。その土地に家を建てなくてはならないと知り、まずどう間取りをとるかが問題だった。しかし建主の要求は、南斜面のその土地に家をつくり、西に見える富士山を毎日眺めて、生活したいということが第一条件だった。

確かに山中湖を超えて西面に、富士はくっきりと姿を見せる。とにかく朝日はめちゃくちゃ美しく、夕日はその富士の肩に落ちる。赤富士になり、青富士になり、夜になっても冬の真っ白な姿は見えるのである。その美しさを見たさにその土地を買ったと、青山のご自宅に参上した時にその思いを聞いて、どうしたらできるのか悩み抜いた。他の山荘と同じく各機能を分けて、その空間体を山肌に沿わせるように、段違いで置けば良い。階段があって生活には不自由だが、建主はまだ元気だから心配ないということで、それは了解を得た。

次は居間のコージーコーナーに坐ると、富士が見えるように考えた。そう、平面的にはできる。だから寝室の和室のふすまを開けると、居間の窓を通して富士に接することができる。段差をうまく考えると、寝たままで朝の富士が見られる。これは実に良かった。しかし問題は、その高さの窓をどうやって決めるかであった。斜面に沿って降りても、窓の高さは大体その坂の三メートル上になる。居間に坐った時に富士を見る角度をどうやって測ればいいのか、大変に困って考えた。

所員を連れ、一人が竹竿の三メートルに印をつける。一人が木に登って、居間の位置あたりにかじりつく。そこで富士の角度を測る。まったく架空の段取りで、本当に測れたのかどうか。事務所に持ち帰り、断面をつくり角度に合わせて居間を置き、窓にぴったりと額縁のようにおさまる高さを決めた。これが正しいのか、建ててみるまでわからない。

ここで思い出したのは、滝で有名なF・L・ライトの「落水荘」だった。彼はバルコニーから滝を見下ろせるように居間の高さを決める時、川岸にあった巨岩の頭を利用した。その岩の頭を居間の暖炉の炉床の高さとして、およその見当で居間の高さを定めた。ライトは、その岩の高さで水平にのばすと、滝を覗き下ろすにも滝の音を聞くのにも、ちょうどいい高さであると考えたのである。つまり架空の高さが、岩の頭に立った時に思い浮かんでそれが見事に功を奏し、世にも有名な「落水荘」のバルコニーの高さが決まったのであった。これだ、これだと、山の斜面で大喜びだった。

「武田邸」は他の山荘と同じく、内外唐松の横板張りにした。上から降りて玄関、六段おりて寝室、八段で食堂、さらに四段で居間。その居間のソファに西向きで坐ると、何と眼の前の額縁に富士がぴったりと収まっているではないか。寝室の畳に寝転がって床までの襖を開けると、これまた富士が見えた。架空の測定はまったく見事に当たり、計画は実現した。現場に通って実は心配で仕方がなかったが、仕上がるにつれて当たっていたことはわかっていた。だが、完成して建主が入って、「いや、よく富士山が見えますよ」といわれた時は嬉しかった。こういった経験は、そうやたらにあるものではないけれど、とにかく成功したのである。

こ 炬燵(こたつ)と暖房

No.50

今ではセントラル・ヒーティングや、エアコンによる機械暖房が端から端まで普及している。だが今も住宅地では、童謡などをピアノ曲で流して、灯油をトラックで運んでいる。でも朝日新聞の朝刊漫画、いしいひさいちの「ののちゃん」には、冬はしきりに「こたつ」が出てくる。山田一家が住んでいるのは小都市で、山も海も近い所だが、どこかはまったくわからないが、冬は寒い所のようだ。

この「こたつ」は「炬燵」と書いているが、「火燵」と書く方が古いという。起源ははっきりせず「江戸時代の山東京伝は、〈宇治拾遺物語〉のなかに出てくる地下炉(ちかろ)から、火炉(ゆるり)が生まれ、その上にやぐらを組んで火燵ができたのではなかろうかと、その著書で述べている。「また室町時代に火榻〈かとう〉とよばれていたものが、〈とう〉が〈たつ〉に転化し

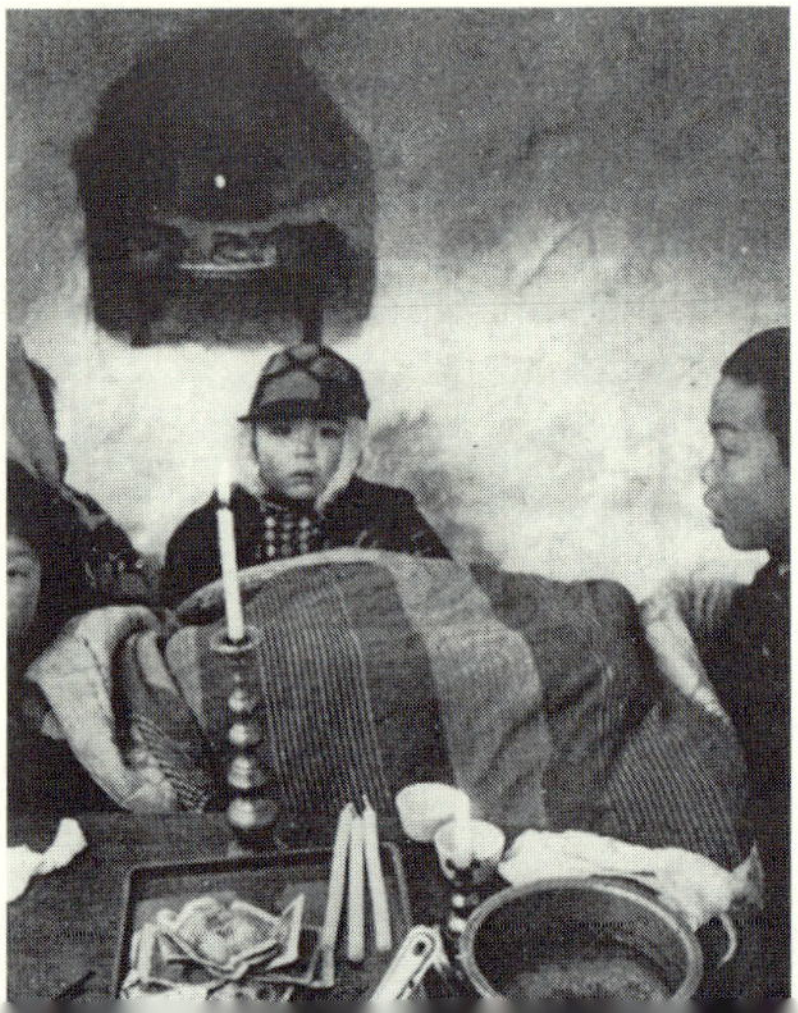

「かまくら」のこたつで団欒(秋田)
出典/岡本太郎『日本再発見』1958, 新潮社

て、こたつという名が出てきたのではないかという説もある」(池田諭『ものごとの始まり』、徳間書店)

現在の、やぐらの高い「こたつ」が現われたのは江戸時代初期、寛永の頃らしい。当時はそのような、やぐらのものは「高こたつ」といわれているから、室町時代には「こたつ」があったことになる。つまり「低こたつ」とはいわなかったが、やぐらの低い一種の足温器のようなものであったと識者たちが書き残している。

また「こたつ」の上に掛ける布団は木綿の綿の入ったものだが、木綿用の綿が入ったのは、桃山時代から江戸時代の初めといわれている。だから今のような「こたつ」形式のものを一般庶民が使うようになったのは、江戸期であると推測される。

ふつう記憶にある「こたつ」とは、いわゆる「掘りこたつ」で、畳を一部四角に切って炉をつくり、灰を入れ炭火を埋めて、その上に木の格子を置く。三〇センチくらいは畳から下がっているから、腰掛けて足を置くにはちょうどいい。やぐらをはめて、その上に布団をかぶせる。「こたつ」の布団は四角の特製で、上に「こたつかけ」をかける。四周には座布団を四人分置くが、四人以上の家族の場合や客が多い時は、八人までは何とか処理できた。

北陸ではやぐらの上側は格子、ここも格子組みなのが面白いが、その裏に「火燵」をぶら下げる「置きごたつ」があり、これはやぐらの中に足を伸ばせる。この形式を木炭から電気に変えたのが「電気置きこたつ」である。つまり「掘りこたつ」がない所では、どの畳敷の部屋にも持っていけるように、「やぐら」

と「火燵」のセットを、「置きこたつ」といった。これは便利だが暖かくはなかった。

信州の冬は寒い。「こたつ」がなくては畳の家では過ごせない。「こたつ」の上に「やぐら＋布団」より も、大きな厚い木の板「こたつ板」を置き、茶を飲み食事をした。つまり一日中「こたつ板」の上には食べもの、飲みものが置かれる。一家に一か所の「こたつ」は、いやおうなしに家族が顔を合わせる。いい場合も悪い場合もある、強制的だんらんの場だった。そして寝る時は、四方から敷布団を敷き「こたつ布団」を掛け、その上に掛け布団をして寝る。

その重い板、ちゃぶ台代わりの「こたつ板」はやぐらと共に、夏の間は物置か押入の隅に置かれる。それと同じ場所に置いてある、やぐらの平面と同サイズの「こたつ畳」があって、それを「掘りこたつ」の上にはめ込む。この約六〇センチ角の「こたつ畳」の下に、どんな受けを置いていたか忘れた。敷かれた上に乗っても、へこんだりしないから、受けがあったに違いない。覚えているのは「やぐら」と同サイズの四角な枠がはめ込まれ、上に「こたつ畳」を置いていたことだ。

足を投げだして座れる「腰掛けこたつ」は、一九〇九（明治四二）年に陶工として知られるバーナード・リーチが、上野にあった自宅にとり付けたのが最初だという。その「こたつ」のことは、志賀直哉、里見弴といった作家が随筆に書いているから本当らしい。とにかく一般に普及したのは、昭和になってからだそうだ。前記の「電気こたつ」は、まず三〇センチの小型が一九五〇（昭和二五）年には売り出されていて、下宿生活には欠かせなかった。

え

縁側(えんがわ)

No.51

芳賀剛太郎の古い『漢和新大辞典』ならばと思って、昭和七年版で「縁」を見た。糸偏九画、へり、ふち。よる。ゆかり。えにし。そして縁日、縁累があって、「縁側」がない。その代わり木偏九画に「椽」があり、「たるき」とあってびっくりした。最近の漢和辞典には、木偏の「椽」はなくなり、「縁」の中に「縁側」があって、熟語としてのみ用いるとある。

「縁」はゆかりではなく建築用語として、一部に張り出した「縁側」を指したい。普通には諺のように「縁は異なもの味なもの」で、男女の「縁」だが、『住まいの歴史読本』を書いた前久夫は、「建物の縁がこれまた、〈異なもの味な物〉」とおっしゃる。軒下の「濡れ縁」が内部空間なのか、外部空間なのか判然としない。つまり「あいまい空間」であるところが「異なもの」だという。また「室内と庭とを視覚的かつ心理的に結びつけている」から

三渓園月華殿、東の縁側
出典／大石治孝編『和風／情感の演出』（『建築知識』別冊）1981, 建知出版

だ。時候に従い「室内で話すほどのこともなく、かといって戸外での立ち話も味気ないといった語らいを、〈ちょっと縁側に腰かけて〉愉しむ、これまた〈味な物〉である」とのべている。

「縁」は確かに、大きく分けると「濡れ縁」と「縁側」になる。濡れる方は「雨縁」ともいい、単に「縁」ともいう。「縁側」は室内で、畳敷きの部屋の外側にある板敷き部分であり、内側に障子を立て、外側にはガラス戸と雨戸があったりする。これも「縁」と呼ぶが、「縁側」というのが普通で、日本語の曖昧さかもしれない。

「縁（エン）」の歴史は古く、奈良時代の藤原豊成の御殿など、貴族の住宅には立派な「縁」が出現していて絵巻物で確かめることができる。もっと古い古墳時代の原始住居、「家屋文鏡」という有名な鏡の出土品の浮き彫りにある高床住居は、「縁」を廻らせているし、それらの形式を伝える伊勢神宮も、周辺に勾欄のある「縁」を廻らす。

この神社の原型が平安時代の寝殿造に受け継がれるのは、源氏物語絵巻などを見た方はご記憶だろう。紫宸殿や清涼殿など、京都御所に残るように、廂のさらに外側に簀の子という「縁」を張り出し、ここにも勾欄がついて歴史を引き継いでいることがわかる。

貴族の住宅についていた「縁」は、絵巻物などを続けて年代順に見ていくとわかるが、大規模な「寝殿造」に残っていた勾欄も、小規模「神殿造」にはなくなる。これらのことは、専門学校用の『日本住宅図集』とか『図説日本住宅史』などの教科書に、絵解きで解説されていてわかる。

この「濡れ縁」が、「庇の間」のように内側に入り、「縁側」になる。つまり「入側縁」となって内部空間にとり込まれる。室町時代の「書院造」には、中門に続く座敷の正面に「広縁」と呼ばれる一間幅ほどの「縁側」がつくようになる。それは「入り側」になって、内部空間になるものもあるが、外部空間の「広縁」もあった。しかしそれらの外側には「落縁」と呼ばれる、一段低く奥行きも浅い「濡れ縁」がつくというから、まことにわずらわしい。

「縁」の違いは、慶長時代の勧学院、光浄院、観智院など、今も大津に残る遺構で納得するより仕方がないが、一つのデザインであったろう。いずれにしても板敷きで、厚い板が使われている。これらは「板敷・いたしき」と呼ばれ、下って桂離宮に至ると「入り側」に畳が敷かれ、外れの方の「新御殿」では畳と板敷きが半分ずつになり、外部には障子が立てられ、雨戸が外にはめられている。実物を見た方も多いだろうから、納得されるに違いない。

東京の近くでは横浜の三溪園がある。紀州和歌山の徳川家別荘を運んできたのが臨春閣で、第三屋から第三屋にかけ雁行する長い「縁」が見られる。その一部は、池に「縁」の支え柱を落としているが、なかなか豪快である。さらに小さい戸建ての楼閣聴耿閣は、二条城内に建てられた徳川家光のための「三笠閣」だそうで、これは小振りな座敷に「入り側」がつき、外側は障子で、ごく簡素な住宅風である。

「縁」の歴史は古く、その変遷も目まぐるしく特定できないが、「あいまい空間」の良さを現代に伝える「空間装置」であることを考えたい。

え

その2 縁に縁を重ねて(M邸/一九七四)

No.52

東京芸大教授だった山本学治は、一九七七年五月に五四歳で早世した。研究発表も著書も多いが、交友範囲も広かった。共著は『山と雪の歌』を恵美子夫人と、『巨匠ミースの遺産』『構造と空間の感覚』『機能主義理論の系譜』を稲葉武司と、没後も『構造と空間の感覚』の共訳を三上祐三と、また建築大系や建築全集をいくつも共著で手がけ、子どもたちのための『森のめぐみ』(ちくま少年図書館)まである。

彼はスキーや山登りで一緒の平島と「熊の湯ヒュッテ」を設計したが、私もコンペを手伝い、そのうちに住宅を手伝わされた。すでにのべた大江修設計の「K邸(一九六九)」を協同で設計したり、全く記憶にないのに記録に残る、池上の「小林邸(一九六一)」があり、熊の湯の「川村ヒュッテ(一九六二)」がある。そして一九九八年に私が手がけて三回目の改築を終えた「M邸」

M邸居間の俯瞰

は、山本が一九五一年に設計した一三坪の山小屋風の住宅に始まる、六回目の増築だった。

当初は、西武池袋線沿いの四五〇坪の土地に一三坪だったのが、Mさんが両親と住むことになって、第二回目の増築が一九五六年、六帖の両親の部屋を厨房と共に増改築したが、二組の三枚並びの畳の間に、幅一尺の板を一・五間渡した不思議な和室があった。山本はどこかの茶室を写したものといっていた。最初にお手伝いしたのは、一九七四年のことで、手伝うというよりもほとんど任せられて、建主と打合せて二階を載せ、洗面所、浴室を改造、玄関と居間を継ぎ足して、もとの形が大分変わった。

Mさんは『山と雪の歌』(一九六〇)以来の山本の友人で、理化学系の学者であり大会社の役員でもあった。歌ばかりでなく、水彩画も良くし、ヨットを乗りこなして、ヨーロッパの運河を制覇したばかりか、国内でもヨットを操ってクルーズを楽しむという幅の広い優雅な人生を心掛けていて、奥方との生活をこの家で送っていた。

山小屋風のたて板張りの片流れの当初の家は、かすかな記憶の中では、広い敷地の中にあった。土地の所有者はMさんの叔母。時代とともに切り取られ、五回目の改造の折には、南いっぱいに隣家あり、北も道に至るまで隣家で、玄関から連結車輌全体が見えた西武線の電車もその頃には幅二間の路地を越え、門を越えて一部が見える程度だった。それでも駅からの線路沿いの道は、ほぼ変わることなく、古い店は古いままに、しかし通行人は次第に多くなり、駅前は全く変貌を遂げていた。

その五回目の改造は一九九一年だが、すでに山本は十数年前に亡くなり、M夫妻も工場勤務に変わったため、新幹線の新しい駅に近い所に移り、一九八七年から四年間、この家は留守宅になっていた。そこに戻ることになって、五回目の改造となった。これは隣家が二階建で日が当たらなくなったための対策であり、東京での再出発のためでもあった。夫人の織物の仕事場は一時は居間の西寄りにあったが、作品の収納や材料置場に和室が使われるなど、生活内容も変化していたからだ。

新たにトップライトを二か所につけた二四帖の居間は、片側に本棚を、一方に開放的な階段があって、広々とした快適な住まいになった。社交的な夫妻は、ここで大勢の客を呼んでパーティを開いて楽しんでいた。一部には書斎コーナーもあり、学者は化学の研究と発明を続けていた。

夫人が病に倒れて、亡くなられたのは一九九七年だった。Mさんは夫人の遺作である織物、壁掛け類の展示、絵画のためのアトリエ、そして仏間を兼ねて、今まで残してあった六帖間を洋室に改造することにした。それが一九九八年で、この時は厨房といい勝手口といい、あるいは寝室や物干しの改造といい、彼がひとりで考え、ひとりで生活する場所をつくることになった。設計する方も夫人亡き後の相談は辛いことも多く、やりにくかった。

専ら所員任せで何とか改造を終えたけれど、明るいアトリエに夫人の作品が並び、確かに絵の部屋だったが、空しい思いも残った。設計屋の因果は、さまざまな面でプライベートな家族との付き合いがあらわになると知ってはいても、その空間に介入する性質から、自分を責めることにもなる。仕事とはいえ、住宅の設計は時にはやり切れないことがある。

て

天窓と天井

No.53

スカイライトも、トップライトも天窓である。漫才のコロンビア・トップ・ライトが、なぜこの名をとったのか知らないが、語呂が良かったからではないかと思う。天窓は建築基準法で垂直窓の三倍の明るさとして数えるように、小さい窓でも明るい。京都の町家の「どま」は、上からの光しかとれない台所の手許を明るくするのに天窓がある。昔は板戸がついていて、下げ紐を引っ張って開けたから「引き窓」と呼んだそうだ。つまり採光と煙出しに必要なのが天窓である。

巨大な天窓が、ローマのパンテオンについている。直径も高さも四三・三メートルで半球殻、壁の厚さは六メートルあり、セメントモルタルで煉瓦を積み上げ、内外に石を積んでいる。頂部に行くほどにヴォールト状のせりもちが、構造的に苦しくなるためか頂上に直径八メートルの大穴が開いて、そこから眩しい日光

F・L・ライト「ユニティ・テンプル」の天窓

と、時には雨が降り込む。この明るい天窓は、目という意味でオカルスといわれるが、とにかく暗い堂の中に太陽光の束を運んできて、荘厳そのものである。

天窓の目的の第一は、芸術家のアトリエに光の強さがいつも変わらない北の光を入れるためだ。第二は先にのべた左右の窓のとれない時の「トップライト」で、第三は茶室の天窓のように、手許に光をとり入れるための「突きあげ窓」である。この三つとも、住宅の設計の際にとり入れたことがある。アトリエの天窓は雨が漏らなくても、結露水がカーテンを汚す。

小さい住宅の設計で、左右が建て込んでいたから屋根に穴を開けて光を入れ、ふたをつき上げられるようにしたこともあった。別の住宅のガラスを張った天窓は今も生きているけれど、ガラスがいつ割れるかわからない恐怖がつきまとって離れない。大きな天窓は怖い。

次は天井であるがスカイライトの下には天井はない。天窓だと、その部分だけ天井をやめればいい。また天井の一部にアクリル製ドームが置けるようにもなった。しかしこの部分の天井とのとり合わせは、細工が難しい。ディテールに凝るのはこの辺だろうか。

天井は部屋の上に張るから「天」、だが「井」がわからない。ある人は「天井の始まりは竹や木を井桁に組んで、これにむしろなど置いたから」という。確かに天井の骨組となる野縁は、格子状または井桁状に組むから、その語源となったのだろうと想像はできる。

また天井の目的もはっきりしている。小屋裏や、その上の二階床からの塵を受けることがひとつ、もうひとつは骨組隠しである。塵受けがはっきりするのは、屋根裏に入るとわかる。永年にわたる塵が、天井板上に溜まる。一方の骨組隠しは、座敷の天井を美しく平らに見せたい時に隠す。ところが小屋裏は、「ゐろり」の煙を屋根まで昇らせる場合は、見せざるを得ない。しかもこの小屋組の立派さが、その空間を立体的に見せて美しいことはかつてのべた。

最近は「ロフト」がはやり、今まで化粧として張っていた天井をやめたり外したりして、小屋組ならぬスラブや骨組をあえて見せる。しかも、配管もダクトも飾りに見せるようになっている。「ロフト」で大量の商品を捌くと、化粧に経費をかけない分だけ安くなると大衆が考えるからで、実はその裏をかいていることはご存知の通りである。

安売りの「ロフト」ばかりでなくて、レストランも酒場も、この手を使って一時しのぎに見せることが流行になったのが、バブル前の時代だった。わざと天井を外して、梁やダクトが以前からのままに見せる「偽ロフト」の現れたのがバブル後である。今、うけに入っているのが、天井なしの「ロフト」、野性的な破れジーンズを、これ見よがしに見せるのに似ている。

本来の天井には、格（ごう）と棹縁（さおぶち）があり、格天井は先刻の井桁、現在の天井は合板にペンキか吸音石膏板で、それを上から吊る。今では格も棹縁も共に和室にしか使われない。その和室天井も木目の印刷で、もはや潤いは遠い過去になった。それよりむしろ平らな天井にどう変化をつけられるか、デザインを考えた方が良さそうである。

No.54

あ

雨仕舞のあ

建築と雨とは縁が深い。無理をして開口部まわりや、屋根の形をつくると雨漏りしやすくなる。これを上手に処理することを雨仕舞というと、飯塚五郎蔵師匠は『建築語源考』で明快におっしゃる。

昔は漢文という学科があって、必死で辞書を引いた。「漢和辞典」は手放せなかったが、最近はパソコンで字がつくられるから手間が省ける。今回気になったのは、漢字で雨洩りか雨漏りのどちらかの確認で、「漢和辞典」の世話になった。「洩」はエイ・セツで、心ののび、もる、もらす。泄であり、風のぬけ。「漏」はロウ、もる、もらす。水がもれる。

どうしてわかり切ったことをいうか。それは『広辞苑』に「〈もる〉漏る・洩る、水や光がすきまを通ってこぼれる」とあって曖昧だったために、それをはっきりしたかったからであって、辞書

マンハッタン・ウエストサイドの屋根
出典／Laura Rosen『TOP OF THE CITY』1982, Thames & Hudson

が明確でないのは困る。

誰もが雨が漏って困る経験をしているが、建築の条件や居住性の最低限を決める建築基準法に、雨が漏ってはいけないとは書いてない。いくら漏っても違反にならないのは変だと、茶谷正洋は『すまいの語録』に書いている。「家は漏らぬほど、食事は飢えぬほどにて足る事也」と、茶人が桃山時代にいっていたと引用し、俗人でも通人でも雨漏りに困らなかった人がいたらお目にかかりたい、とまでいう。

彼の提案は、竣工引渡し前はもちろんだが、屋根外装防水済みの内装前の時点で「雨仕舞」の実験をしたいというのだ。天井や内壁、床仕上の前でないと漏りがわかりにくいし、漏っても「水みち」が追えない。漏る場所と、漏りが見つかった場所は一致しないものだ。屋根裏は梁を伝って、反対側の壁にしみることもある。昔の家のように、天井裏を覗く改め口がほしい。昔は押入の天井板は簡単にとり外せて、そこから覗けたといっているが、まったくその通りだ。

だから可能な現場テストを、建築工事仕様書にとり入れたいという。実験というほどでなくても、天気の良い昼間、一部分ずつ外から水道水をホースでかけ、中から見ているとわかる。現場によっては施工を信用していないのかと業者が開き直ることもあるが、信用しないことだと痛いところ、痒いところに手が届く話が載っていて細かい。

人の話はこれくらいにして「雨仕舞」にしよう。雨は漏らない方が良いに決まっている。いるけれども、そのためには設計の段階で、漏らない算段をしておく必要がある。だから防水や構法、納まりや仕上の参考図集の出版が多くなる。あまり使っていなくても、所員に水仕舞の図を描かせるには参考書がいるから、屋上防水から仕上げ構法まで、重複する本が幾冊もあることになる。それを見て気がつくのは、開口部まわりで、木造では水切りと雨押えは欠かせない。

次は屋根部分で、軒先と雨樋のとりつけ。棟押えなどは屋根工事人に任せればできるのだが、意匠としても押えを考えたい。困るのが「けらば」で、これは設計図ではめったに描かないから、施工者泣かせの部分だ。平面上の入り隅や出隅も、業者泣かせだろう。ましてや屋根の重層する所、一階の屋根と二階の壁とのとり合わせは、詳細図にあっても、あとからクレームが来るのが怖いから業者は念を入れる。図に押え方、入り隅や出隅用ジョイナーを描き込むといい。

独立後初めて長野の山に「飯綱湖スケートセンター」（一九六六）を設計し、雪の深いのに谷の多い屋根にした。見かけは良かったが、雪が谷に溜まり、しかも北側で雪がとけない所だったから、盛大に「すが漏れ」が起こった。「すが漏れ」とは、屋根先が凍り、氷の土手になって雨が谷に溜り始め、立上りや水切りを越えて雨漏りが起こる現象のことだ。全部凍ってくれればいいのだが、屋根の下は暖房をしているからとける。だから谷が池になるはずで、これは谷ばかりでなく、短い軒でも起こりやすい。

とにかく雨漏りには、幾度も辛い目に遭ってきた。雨の日は気が気でないけれど、遠い現場では手が届かない。山中湖畔の別荘など雨漏りを見に行っても、雨降りの日でないとわからない。降る時に行って滑る屋根に登ったり、梁に上がったり、辛いことこの上なしだった。

あ

その2 雨漏りで困った(中川別邸／一九七一)

No.55

また山中湖畔の別荘の設計の話になる。でもその頃のいくつかは設計に変化があり、そのつもりだったから活気はあった。うまくいったこともあるけれど、失敗もまたよくあった。何事もなかったかのように平気だったのは、若気の至りだったのか。それまでも失敗は経験していたが、新しい形への挑戦ということもあって、夢中で珍しい新しい形を恐れることなく続けられたのは、不思議極まることだった。

これらの形はチャールズ・ムーアの「シーランチ」という別荘地のいくつかの別荘が、ヒントだった。彼らは背骨のような空間をつくり、そこから機能室をつき出し、ある時には一室空間を中心として、周辺に機能を配し、ある家では層状に空間や部屋を積み重ねて吹抜けをつけていた。これらはどれも大きな屋根や軒で覆うのではなく、必要部分に屋根を置く形をとった。そのいくつ

中川別邸の南面

かは雑誌に発表になっていたが、行く度に新しい形を見たり、建設中も見ていたこともあったから、確かに刺激を受けていた。

そのまま山中湖の芙蓉台に持ってきたつもりはないけれど、「陽の山荘」と名付けた初期の「中川別邸」は、その頃連続して出版されていた雑誌『都市住宅』の臨時増刊『住宅第3集』に、他の二軒とともに載った。唐松の横板を内も外も張り、そして屋根は四つに分けた空間毎に、方向を変えてカラー鉄板瓦棒葺き、庇は出さず横樋をとりつけた。一部は二階が一室分立ち上がり、それぞれの直方体が居間を中心とする空間に絡みあった。

確かに恰好はいい。そして室内の空間が大いに変化して、写真映えが良かった。居間と食堂の間に、三段の段差があり南斜面が見下ろせる。この段差の上は、南への居間の屋根と食堂への北下がりの屋根の間に、三尺つまり九〇センチの隙間を利用し、西に向けて降りる背骨のような空間をつくった。ここには南からの光が入るように、三角の明かりとりをつけることができた。この屋根は二階の壁の途中で止まり、だからこの屋根と二階の東下がりの屋根が、やや差をつけて一体感を持つようになった。

模型で見ても、なかなか立体感のある全体だった。そして仕事ははかどって、事もなく順調に完成した。山中湖の仕事を始めたその最初の夏に完成して、中川家の家族が滞在して雑誌用の写真も撮り『都市住宅』には、その家族も写っている。

その夏は雨が少なかったから、事は大きくならなかった。夏も終わり秋が来て、建主からの電話でその背骨にあたる天窓から雨が漏って困るという知らせが入った。同時期に他の二軒も完成していたが、そちらからは何もいわれていない。早速駆けつける以外になかった。

とにかく現場に行き、雨漏りの跡がある屋根に登ってみる。しかし雨の日でなくては、どこから漏るのか見当も付かない。雨の降る日にぶつからない限り、雨漏りはわからないのが普通である。しかしその頃になって、初めて富士山麓の雨の怖さがわかり始めた。山中湖畔といっても、別荘のあるのは湖を見下ろす高台である。昔からの茅取り場で、屋根用の茅を茂らせるための斜面であって、なぜ大きな木が育たなかったかが次第にわかってくる。

展望は良く、太陽があれば暖かい。しかしその代償として、雨と風が強い。時によると雨は下から吹き上げる。ガラス面に打ちつける雨足が、上へと駈けあがるのである。しかも、どちらの方向からも吹き込む。だから風車のように四方に屋根を向けたこの別荘は、お誂え向きのようにまことに雨を呼びやすく、雨漏りを招いているようなものだった。だから屋根に登っても、雨の日に外から見ていてはわからない。次は屋根下に残る梁に登って、雨の音を聞きながら漏りを待つより仕方がなかった。

何時間も梁の上で粘って、天窓の一部から水の滲み出すのを見た。水はゆっくりと、雨が止んでからじわじわと漏り始める。そしてその入口は、どこなのかわからない。とにかく下から降り込むのに横板張りだから、板張りの壁面すべてにわたって、コーキングする以外にないではないか。そう考えたら、雨の降る日には心配が先になり、気になって眠れなくなった。

さ

指金(さしがね)と曲尺

No.56

すでに「間尺」のところで、「指金」についてはふれた。しかしメートル法の普及が早く、今では「尺貫法」もわからなくなっている。それでもなお「火事で三三〇平方メートル焼けた」「酒を一・八リットル飲んで運転」などの記事は出る。何のことはない、一〇〇坪のことであり一升のことで、その単位が空回りしているような気がしてならない。

ところが、大工が使っている「指金」は大変な発明で、ステンレスなどでできているから、今も彼らは手放せないでいるようだ。墨壷も使うが、並んで箱に入れているのがそれで、木工の基本道具だ。L字の定規で一対二、長い方が「長の手」、短い方を「矩の手(かねのて)、短手(つまて)」などという。

定規に刻まれた目盛りは「表目(おもてめ)」で、普通の尺寸の寸法である。「裏目(うらめ)、角目(かどめ)」は平方根、つ

「誰かの指金」
出典/C・Alexander『A Pattern Language』1977, Oxford

まりルート(√)の寸法になっている。加えて「丸目」は円周率パイ(π)の寸法になる。これらを使って、複雑なはずの立体的な計算を実際の材木の上で済ませる。丸太の直径を「裏目」で測ると、一辺いくらの材木がとれるかが直接読める。「メートル法になってからの指金には裏目や丸目の目盛りが刻まれていないから、こうした術は使えない」(茶谷正洋『すまいの語録』)

「指金」は曲尺(かねじゃく、さしがね)とも書き、直角は「かね」で、矩計はかなばかりと今でも書いている。『広辞苑』にも「建物の各部の高さを正しく定めるための図」となっているから、正しいのであろう。曲尺をかねじゃくと読むのは苦しい。曲尺で「指金」を、もう一度ものさしとしてみると、幅は五分(一五ミリ)、この幅を利用して一五ミリの幅の墨つけをすることもある。またこの幅の両側は薄くなっているので、墨差しを使って線を引くと滲みにくい。

「曲尺、指金」は、寸法を測るのと、墨つけ用の定規を兼ねていることになる。そして規矩術は、この「曲尺、指金」を使えば、計算をしないで寸法設定ができる。社寺建築の垂木の反り曲線も、高等数学である微分方程式を使わずとも、現場で設定できることになっている。しかし現場を見たことも、このように割り出しているところも知らないから、耳学問に過ぎない。

規矩術と矩計図までいったから、もう少し先に話を進めよう。規矩術のことを「規矩準縄(きくじゅんじょう)の術」といい、大工術の基本を示す言葉で「少し堅いけれど、時に背筋をシャンとさせるにいい」と、茶谷正洋は『すまいの語録』でいっている。規は円を指し、弧や円を描くその寸法取りをする意味。矩とは方（ほう）で「指金」であり、矩（かね）である直角をいい、四角の方形をつくる。準とは平（ひら）で、水盛（みずもり）して水平を求めること。縄（じょう）とは直、つまり墨縄の意、墨糸で直線を結んだり、下げ振りを使って垂直を出すことである。

矩計図（かなばかりず）は縦断面を示すが、大切なことは地盤からの各高さ、床高階高、軒高が大切な基準でそれを決める。現場ではこの矩計図の二〇分の一や、時には三〇分の一もあるが、これに対応して現寸大の尺杖（しゃくづえ）をつくる。三〇ミリ角の杉の直材の四面に、土台、床高、貫孔、一階二階高などの墨つけがされている。

これを定規として、外まわりの柱に墨をつけて加工するが、これを間竿（けんざお）ともいう。別材で一定の長さを、多くの箇所で測ったりする「馬鹿棒」もある。またの名を「馬鹿定規」「馬鹿杖」ともいっている。また現場で、簡単な直角を出す方法に三四五（さんしご）がある。細い貫板で、三対四対五の比を使い、センチで九〇／一二〇／一五〇の長さの三角をつくる。つまりピタゴラスの定理で、いやおうなしに直角ができる。これを使っているのを現場で見ている方は多いと思う。

現場では、この三四五を使い直角をつくり、水糸を張った上に置いてチェックする。さらに遣方（やりかた）の柱は地杭とか水柱ともいい、その先端をいすかにつくる。鳥のいすかの嘴は食い違っていて、「いすかの嘴（はし）の食い違い」というが、この方法で杭の先端をつくる。けとばしたり物を引っかけてはいけないというサインのかわりである。

き

木の家具、家具の音楽

No.57

信州木曽の三岳（みたけ）村に、奥村昭雄が地元の板倉を改造して自分たちのアトリエを設置したのは一九七三年のことだ。愛知芸大の設計に携わっていた時に、あまりの暑さに、上野の研究室から愛知芸大の現場にも近い木曽谷、木曽三岳村に借りた大泉寺に部屋を移す。その縁で近所に板倉を見つけ、それをアトリエとして仕事を続けた。愛知芸大の仕事が終わった後も、そこを家具の工場として使い始めた。

元々器用な人だから、夢中になると本職はだしになってしまう。だからOMソーラーシステムの生みの親にもなったのだが、家具の方はその板倉アトリエ以来、四〇年も生産を続けている。つまり、当初は設計した建物のための家具だったが、やがては細かな技術を教えてもらうのに新橋の工場に通っている。結局はもうひとつ板倉を譲り受けて、工場にして生産活動を始めた。初め

ジョージ・中島の家具工房（右が中島）
出典／『国際建築』1952.8，美術出版社

ての展示会は一九七九年のことで、「木の家具」の出発であった。

研究してさらに首を突っ込み、本職になっていくのは家具だけではない。やがて原木を見て買い付ける。そのうちに木の成長を研究し始め、どうして杢目ができるのか、「樹の生長のシミュレーション」までやってしまう。そしてコンピュータを使い、画面の中で樹木を育てて成長の記録をとる。

とにかく木の家具の方も成長し始めて、椅子やテーブルだけではなくキャビネットもつくるようになる。時間があれば木曽に通い、現寸図を描いてそこで自ら伐り削り、とにかく職人はだしになる。その木の家具は暖かくほのかで、何となく人間くさい恰好で人柄が滲み出ている。

話は変わるけれど、「家具の音楽」をつくった作曲家がいる。恐らく木の家具だというふうに、その音楽を聞いていると考えられるのは、繰り返すリズムと間との関係が同じ形で並んでいる、その情景描写に思えるからである。三つの短い章にわかれているどれもが、一定の長さと響きで、「玄関のロビーで演奏する」とか、「昼食の時に演奏する」とか注釈のあるそれを聞いても、その食堂や玄関に並んでいる木の家具の整列している状態を感ずる。

この音楽の作曲者はエリック・アルフレド・レスリー・サティ（一八六六―一九二五）で、「星たちの息子のための3楽章」とか、「ジムノペディ」、「グノシェンヌ」なんていう音楽をつくっている奇人音楽家で有名。最近では、ちょっとしゃれたレストランで、これらの音楽を聞くことがある。

サティは、現代音楽家の仲間に入る。フランスのノルマンディに生まれ、一三才でパリ音楽院に入学し、両親はエリックの音楽教育に熱中したが、彼は一九才でピアノ曲を発表後、兵役から戻ると学校には行かず、カフェ「黒猫」でピアノを弾いていた。ドビュッシーと出会って、三〇年来の友人となる。因習を破り伝統を否定し、破壊するようなダダ的な思想を持って運動したが、「ダダ」よりも一〇年も早い頃のことだったという。

中学時代を共に過ごし、戦時中の勤労奉仕や学徒動員など、工場でも一緒に働いたことのある秋山邦晴という男は、現代音楽評論家として有名だったが、六〇歳くらいで亡くなったと知った。でもサティを弾く有名なピアニストと結婚し、一九六〇年代にはサティを含めた現代音楽の研究を発表していたし、数百ページのサティ研究の本も出版していた。だからサティというと彼を思い出すのだが、その彼のサティ観は、日本ではほぼ定評のあるものと理解している。

奇人と書いたが、秋山がそのような研究書を出す前には、サティはそれほど高い大衆的な評価を受けていなかった。レストランから彼の曲が流れてくるようになったのは、この一〇年くらいのことである。「家具の音楽」という題名も、およそ音楽のタイトルとは思えない。サティの音楽はどれも奇抜だった。そのほかに映画音楽もあったというが、見てはいない。ルネ・クレール演出の『本日休演』である。

一分の短い曲でも、長い題「いつも片目をあけて眠る見事に太った猿の王様を目覚めさせるためのカンタータ」なんていうのがあるけれど、音楽は極めて簡単で、「家具の音楽」もこうした発想からつくられた、整然とした家具の配列だと思われる。

ゆ

床(ゆか)と床暖房

No.58

「床」と「天井」があって「壁」がなかったのは、片手落ちだったろうか。全部を万遍なく網羅することは難しいから、やむを得ない。前にも書いたが、このような大きな建築部分をとらえると、一回分では足りない。特に「壁」は千差万別で、書きにくかったから「階段」にした記憶がある。

普通に床とは、住宅でも建築の中でも足の接する所だ。どんな内装工事や施工でも、床仕上は最初の出発点になる。RC造の床、木造の床に分けるのは当然である。仕上表をつくるわけではないから、さまざまな仕上げがあるとしよう。でもタイルの床は滑りにくいこと、木質系の床は浮き上がらないこと、畳敷きでは根太と下地に注意するなど、わかり切ったことだからそのようなことにふれるのはやめたい。

ここでは、床に最も必要なことを挙げる。それは水平にするこ

F・L・ライト「ジェイコブズ邸(1937)」居間

と、陸（ろく）であることが肝腎で、でないと「陸でなし」と、ののしられることになるからだ。といってもデザイナーは楽で、この陸にするのは工務店、職人、施工側の仕事。でもそれを知らないで、仕上げ面だけを注意しているわけにもいかない。雨漏りと同じく、完成前にレベルを置いて確かめることで、このことは解決する。

とにかく床仕上は、歩きやすいこと、居心地がいいことが最大の目標に違いない。さてその居心地、われわれ人間は床から離れて生活するわけにはいかないから、床暖房の心地良さについて十分に考える必要がありそうだ。最近では、電気やガスによる床暖房が普及し、OMソーラーシステムがさらに床面も暖める方法を提供して、次第に直接暖房などではなく、床から暖める方向になった。

この床暖房のとり入れは、F・L・ライトの自画自賛で、彼が発明したようにいわれる。彼の主張する重力暖房（グラビティヒーティング）とは、床から自然に暖気が立ちあがる単純な原理である。これは「帝国ホテル」の仕事で日本にいた時、大倉喜八郎男爵の家に招ばれて、朝鮮の間というオンドル部屋に案内され、足許が快適で驚いて以来、何とかして「床暖房」に応用したいと考えたものといわれる。男爵家の洋風の食堂の寒さに閉口した彼が、そのオンドルの間に入ると、気候がにわかに変わり、まるで春が来たかのようで、たちまち暖まったと『ライトの住宅』（遠藤楽訳、彰国社）にある。彼が直ちに「帝国ホテル」の、各浴室の床を電気暖房にしたのはそれがもとだという。

でもユソニアン住宅第一号の「ジェイコブズ邸（一九三七）」に応用したのは、スチームによる床暖房で、なかなか温度が均一にならず建主はライトに文句をつけている。三年後に温水に切りかえて何とか成功したが、二〇度まではなかなか上がらず、暖炉で暖をとっている。

その方法は、土間コンクリートの床（フロアマットといっている）の下の砂利の中に、スチームまたは温水のパイプを通す。床が地面より高い場合は、五センチ角の根太を一・一メートル間隔に並べ、その根太の間にパイプを通した。この「ジェイコブズ邸」を始めとして、それ以後の住宅や、「ジョンソンワックス社管理棟」の広い事務所の床に重力暖房を応用している。しかしこの衛生的で健康的な暖房方法の場合は、室温の低い方が望ましく一八度くらいで、だから機械暖房の部屋から急に入ってくると初めのうちは寒く感じると注意している。

その当時は、アメリカでも評判になったらしく、「ジェイコブズ邸」の現場に来た新聞記者が、床に手を当てて暖かいと驚いて記事にした。熱源はどこだということが話題になり、輻射熱と書かれたりした。ライトは輻射熱でも、パネルヒーティングでもない、重力暖房ともいうべきで熱が床から上昇するごく自然のもの、理想的な暖房だとのべている。

それ以来、七〇年余を経た今日では木製の床に仕込むことも、既製品があって楽になっている。確かに頭寒足熱の効果は大切なことで、ライトがいっているように健康的には違いないけれど、本格的に寒くなってきた時には、床暖房だけでは足りないようだ。かといって電熱、電気温風を加えると、乾燥して困る。脱いだり着たり、コントロールが難しい。

ゆ

その2 湯の丸高原で(スキーロッジ/一九七二)

No.59

横浜国大の建築学科で非常勤講師として勤めたのは、一九七〇年の春以来。前年から続いていた学生紛争は、その春に酣《たけなわ》を迎えていた。当時の建築学科は、昔の横浜工専を継いで、市電の通る弘明寺にあった。教授の河合正一に招かれて、バークレー時代に学生紛争に立ち合った経験を買われ、製図室を封鎖する学生との対話を含めて講師になった。

一週間に一度、木曜日に横浜に行って三時間勤め、夕方には河合教授のおごりで軽く一杯やって帰る。一年経った頃、教授の知人であるS牧師に会いに行けといわれ、板橋区向原の教会を訪問した。そこでS牧師から、長野県の湯の丸高原に建てるスキーロッジの設計依頼を受けた。長野県と群馬県の境で浅間山の西に地蔵峠があり、昔の信越線の小諸と上田の間の田中駅から東へ入る。途中の坂道一二キロの道端には、百余の地蔵さんの彫刻があ

スキーロッジの中心の居間、右側上が男性寝室

り、高さ約一五〇〇メートルを登る。

その地蔵峠の頂上にひろがる湯の丸高原には群馬側からもアプローチできるが、長野側の方が登りやすく、すでに頂上近くには、さまざまな大学の冬期のスキー合宿所が軒を並べていた。あれからすでに四〇年を超えるが、今はスキーのメッカになっていることだろう。その頃は軒を並べるとはいっても随分と離れて広い敷地に点在する程度だった。

敷地は唐松林の中、ゲレンデにも近い。といっても林の中では展望も利かず、スキーにも行ったことのない所で、夏の間に工事を進めるように設計を始めた。頭の中にあったのは、中心に大きなストーブを置いて、煙突を吹抜けに立てる。中二階に男子用のオープンな寝室、吹抜けを挿んで、男子の眼の届かぬ高さの二階を女子用寝室とした。スキー用ロッジだからということと、暖気を吹抜けに昇らせて夜間は焚き続ければ、特に上階では暖房はいらないだろうと考えたから、まったくのオープンな空間だった。

吹抜け側に、三尺の通路をとって畳一二枚を並べ、頭の部分にザック置きの奥行六〇センチの板を置いた。だから長い寝室で、そこに布団を敷いて並んで寝るという方法をとった。加えて手すりを高くとったから、下の居間や食堂を覗けるが、足許は見えない。しかし女性の寝室側からは、男子の方は丸見えだった。とにかくこの配置の方法が決まる頃、さらに一階の平面構成を、ルイス・カーンの計画に終わった住宅のひとつ、「ゴールデンバーグ邸（一九五九）」からとった。

中央に正方形の吹抜け空間を置き、各コーナーから放射状に四方の機能がとび出すという案である。これをいただいて、中央にハブ（中心）と呼ぶホール、西に入口と食堂、北の軒下に車を置き、東は外を見る。南に厨房と浴室便所を置いて、冬の寒さに応えようとした。だから寝室の一二帖の長い部屋は、ホールを中央にして北と南側に分けて置いた。女子寝室は南で快適だと思われた。

唐松の横板張りの内外装は、山中湖で苦労した方法だった。ここでは、雨漏りや風の抜けは命取りになる。朝日の入る高窓、夕陽の高窓は室内を明るくするから、はめ殺しの大きなガラスにした。幸いに冬のシーズンに間にあって、晩秋にはオープニングパーティーができた。信徒が三〇人ほど集まって、盛大なパーティーだった。上へ昇ったり見あげたり、手すりには三尺おきにホワイトボールの電灯をとりつけたから、賑やかだった。

ところが冬期に入って、ひどく寒い日が続いた。スキーには早く、まだ人は泊まっていなかった。工務店に行かせたのは、冬の準備のつもりだった。電話が鳴って出ると工務店からで、厨房に氷の山ができて扉も開かないという。元栓を閉めたはずの水栓が開いて、水道が出っ放しだったらしい。

とにかく翌日に到着すると、大工が床をハンマーで叩き、厚さ三〇センチもあろうかと思われる氷を砕いている最中だった。湯をかけてとけるようなものではないし、やればまた再び氷の山ができる。周辺には雪が積もって三〇センチあり、叩き割るのに幾日かかることやら、とにかく手伝ってはみたけれど一日では終わらず、後を頼んで逃げるように帰ってきた。その後スキーヤーが使ったのだから、とにかく氷の床はなくなったのだろう。怖い経験のひとつであった。

め

目通り（めどおり）と目線

No.60

また『広辞苑』を使いたい。「目通り」とは「めどおり」、①目の前。面前。②目の高さ。目のあたり。③立木の、目の高さに相当する位置の幹の太さ。目通り直径。④貴人の目の前に出てまみえること。と四種ある。「住まいのいろは」として使うのは③で、①の例の「庭籠鳥を目通りへ放ちける」、②の例「腰を少しも冷さず、目通りより高く手をあげさせず」とか、④の「お目通り」などは関係がない。

ではどうして目通り直径を、とりあげようとしているか。それはごく普通に「目通りで三〇センチ」というふうに立木サイズをいうが、時々その意味が通らない人がいるからである。ランドスケープに携わる人や、庭職人、そして大工に向かっていえば通りがいいが、素人筋にはまず無理で、建築や庭のデザイン関係者には、今も必要だと思われる。

「見つめる」
出典／C・Alexander『A Pattern Language』1977, Oxford

それともうひとつは、目線という言葉が最近になって特に混乱をもたらすことがあって、視線と間違えたりすることが多くなっているからでもある。もちろん目線を、目通りと混乱させる人はないだろうと思われるのだが。

まず目線（めせん）とは嫌な言葉だが、映画、演劇、映画に使われていた専門用語だったのが、視線の代わりにこの頃日常的によく使われていることをあげたい。「目線をカメラに向けるな」とか、「目線をそらせて」とか、目をカメラや照明に向けないように、目という言葉をはっきりと演技者に伝えたい時に、使ってきた言葉らしい。

それに対し視線とは、目が見ている方向で、『広辞苑』では「外界の光点と、網膜上にあるこれの像とを連ねた直線」と、はっきりしている。もう一つ建築関係者にとって大切な意味は、「透視画法で視点と物体の各点を結ぶ線」である。つまり透視図を作図して描く時に、視線が最も重要な要素になる。建物の平面上の軒先や接地点を結び、それを立体化して透視図にする時の視線である。透視図で最初に描く線は、地面であるグラウンドラインと視点の高さを示す、ふたつの平行線になる。

ところが、これは目線とはいえないはずなのに、『広辞苑』では「めせん・目線」は「視線。もと映画、演劇、テレビ界の語」としてしまっている。「住まいのいろは」で、辞書の悪口をいっても始まらないが、とにかく混乱させていただきたくない。しかしながら専門用語の幅は広く、世の中の言葉は頻りに移り変わる。でもやむを得ないと、済まされることではないのでのべてきた。

もう一度目通りに戻りたい。立木の目の高さの幹の太さと定義されていても、目の高さも人によって少々は違うし、立木もでこぼこしたり曲がったりしていて、決められないのは当たり前である。だから「目の高さに相当する」というのが正しい。立木でも極端に太い木は、根が目の高さまで持ちあがっていることもある。ここでいう立木とは、建築材として使用するような樹木を見て、使えるかどうかを見極めるためである。

特に松材や栗材のように、梁に使うような太い材、そして少々曲がって飛び梁に使えるような材は、目通りで呼ぶとよくわかる。それに末口が最小で、いくらの太さであるかということも含まれていて、果たして希望のスパンに架けられるかどうかの判断にぜひ必要なことになる。

深大寺といえば、そばでも有名だが、その門前の池の改修をしたことがある。池には島があり、そこに社を祀ってあって、参詣に渡るための橋の設計も頼まれた。それもただの橋ではなく、擬宝珠《ぎぼし》つきの欄干のある朱塗りの太鼓橋で、大きな橋桁が二本必要であった。その木を見に行くため、材木屋に寸法をいう必要があり、栗の大木で「目通り幾ら」「曲がりが幾ら」で、「末口が幾ら」ということを伝えた。立木がその年に伐って使えるわけもないのに、知らないということは強い。ところが材木屋の方は慣れたもので、長野の建築家の宮本忠長紹介による小布施の材木屋は、それを聞いて即座に答えた。「庭にある材木を見に来てくれ、その寸法に近いものなら、幾本もあるよ」だった。そこで小布施に出かけて、原木の転がっているのをいくつか見立てて、橋ができた。

み

水で水まわり

No.61

「み」は「水まわり」をとり上げたい。水は重要だが、そのものについて、水道や川の水や給排水を書くよりも、「水まわり」の状況にふれることが、建築や住宅では必要だろう。住宅の場合はまず厨房で、洗面、浴室、便所が順序だ。しかし「厨房」は始めの方にあり、「浴室と風呂」も済みで「洗面と便所」になる。それも「部屋か便所か」の項で便所を少々のべているから、ここでは「水まわり」を見直したい。

どこの設計事務所にも「INAX」や「TOTO」などのPR誌が行き渡っていて、文化的レベルの高い記事と共に、水と生活関連のニュースを毎号とり上げているから、改めて「水まわり」でもあるまいが、そうはいかない事情もある。その事情とは、最近身の周りに起こっている「水まわり」の具体的経験があり、恐らくはどこの家庭にも共通ではないかと考えるからである。

使いやすい台所、ワークスペース
出典／K・Arthurs編『サンセットブック台所』1974, インテリア出版

その第一に各都市の水道局が、在来の鋳鉄製配水管を耐震性配水管に取り換えていることをあげたい。鉛管だったガス管もガス会社が耐震性のものに取り換えているが、配水管は道路改修工事も加えているから期間が長かった。

第二は室内関連で洗面器や水栓の水漏れだが、これはどこでも日常の問題だと思える。これらの水漏れを止める細かい部品は、最近では大きな「ホームセンター」などで探すと幾種類もあって、DIYのひとつとして自分で直せる。便器やタンクの場合は、各社のサービス部が出張し、取換え用部品もあって交換が可能だと知った。

第三は流しや風呂の給湯器は家庭の必需品で、マイコン制御は便利であるが寿命が短くて一〇年、取換え部品も一〇年保存で、それを過ぎると廃棄以外にない。これは素人の手には負えないことを知った。それも保全と維持は、各メーカーのサービス管理に頼らなくてはならないようだ。

これらに関していえることは、「水まわり」は洗濯機に限らず、冷蔵庫からガスレンジ、そしてシステムキッチンを含めて、便利にはなったけれど、具合が悪くなったり耐用期限が来ると、手軽に直すわけにはいかず廃棄と交換が常識になった。

日常生活の中でも公共の場の「水まわり」が、家庭内の変化以上に激しく変わってきたことを考えたい。身近なところにあるトイレ空間など、自治体や企業の努力もあろうが、この二〇年間に格別な進歩を遂げてきた。またその頃に鉄道各駅を含めて「身障者ブース」が、公共の場にできた。「ユニバーサルデザイン」という語ができる前のことである。さらにはデパートの便所がすっかり美しくなり、女子用は特に、入ったことはないけれど非常に改善されたそうだ。家庭にあっては、その頃にシャワートイレが普及し始めている。新幹線に男子小用トイレがついたのも、同じ頃ではなかったろうか。

アメリカの古いTVドラマ「アリー・マイ・ラブ」で、主人公の女性が勤める弁護士事務所は、男女共用の便所になっていて、その便所がまたアクシデントや筋書きに利用されていた。つまり便所が革命を起こすためには、TVで実験してみるのがいい。普及が速いし、反応が出てくるから。

前記したPR誌であるが、手っ取り早くいえば二大衛生陶器メーカーが、売り上げを上げるためにも、そして水まわり環境を向上させるのにも大いに貢献してきたことを認めよう。PR誌の文化性だけではなくて、美しい便利な水まわりをつくるための企業努力に敬意を払いたい。しかしPR誌のつけが、衛生陶器の値段に跳ね返ってくるのは痛いことでもある。

水まわりの基本は美しい陶器だけではなく、そのための環境の清潔さの維持にあり、清掃にあることはいうまでもない。最近は水まわり系の各社が、維持・保全サービスのためのクラブをつくり、利用者から入会金を取って、巡回するシステムを考えているらしい。とにかく水まわりは生きていることであるし、摩耗や錆はついてまわる。だから定期的に検査をすることが必要である。できるだけ点検しやすく、素人でもわかりやすい欠損部分の見方が欲しい。一方でこれらをきれいに覆うのがデザインだから、難しいといえば確かにそういいえよう。

し

書斎（しょさい）と書院

No.62

「書斎」の「斎」の意味は、「へや」のことだそうだ。どの実例でものべているように「ものいみ」や「つつしみ」の意味が含まれているという。それは「閑居して心を平かにし、思慮を養う」ことで、本場の中国で「明窓浄几（めいそうじょうき）」というのと同じで、静かに読書をするための部屋である。

この頃は殊に激しく雑誌が特集したり、男の隠れ家などといって自分だけの部屋を喧伝するものだから、ますます自宅に書斎をつくりたい人が増えつつある。早くいえば男の城をつくりたいのであって、会社員も一般のサラリーマンも、この要求が多くなっている。ひと昔前までは研究者や作家という職業の人だけのもっていた壁を埋める書棚と、本が積まれている風景が前提だった。

これはイメージがそうするのであって、前記のような書斎の本来の意味からしてつけた名が悪かったような気がしてならない。

慈照寺東求堂の書院窓
出典／彰国社編『伝統のディテール』1972, 彰国社

今ではパソコンにしても、炬燵の上というわけにもいかないから、机か平らなものなど何かないと、インターネットにふけっていられない。だからこそよけいに自分の場である書斎という部屋か場所が、要望されるようになっている。つまりこれは現代の建築や住宅の方向と違って、広い部屋の一隅とか、区別された私的空間の要求になっているような気がする。

現代風にいうと逃避空間だから、これは昔からの傾向であったともいえるようである。浄土宗の開祖である法然上人の生涯を描いた、「法然上人行状絵図」という鎌倉時代の絵巻物は、彼の死後百年目につくられた四八巻ものだというが、廻りに縁をめぐらせて、書院窓から明り障子を隔てて、造りつけの机で文を書く場面がある。この場面は、そういえばよく解説に出てくる絵でもあり、書院や縁の発生の時も引き合いに出される絵で、見覚えがある。

つまり寺院内の私室部分であって、書院として、出文机（だしふづくえ）と名づけられた造りつけの机が置かれていて、明かりをとるために障子を立てている。このような書院は、僧の場所だけでなくて武士の家にもあるのは、よく知られている。しかしそれは学問所（がくもんじょ）と呼ばれていて、それが次第に書院造の床の間になり、付書院といわれるようになったものである。江戸時代には書院床とか、明り書院ともいわれた（前久夫『住まいの歴史読本』）。

といってもこの書院は、そのまま書斎とはならず、わが国では明治以降にようやく定着することになったといわれている。漱石や鴎外の時代に書斎は出てくるが、それはむしろ書院に近く、質素で飾り気のない座敷であったらしいから、今の書斎のイメージとは違っていたようだ。つまり住居内に書斎を持てたのは限られた人たち、つまり文士か教授の階級だったから、書斎は独立した空間を意味するようになっていったと考えられる。

西欧にも書斎はある。貴族階級の独立した男の部屋で、一五世紀にはあったといわれている。ライブラリーともいうが、本を読むとは朗読して聞かせることで音読をしたらしいから、自分のための独立した部屋が「黙読」するために必要になる。それが一七世紀に普及し、一般化したといわれる。つまり書斎は読書部屋というよりは、逃避空間になっていったと考えられる。

戦後の日本に普及した２ＤＫ的住宅には、女の働く空間はあっても、男の独立した空間はない。２ＤＫは、男が職場に出ていくサラリーマン家庭を前提として、つくられたといってもよい。家族のだんらんを考えるための前提ともいえるかもしれない。「亭主元気で留守がいい」とは評判の言葉だが、午前様にはなっても、夫には独立した居場所がなかった。だから最近のような、男の隠れ家の流行にもなったのだろう。あるいは書斎の要望が、一般化したのだろうか。

原稿を書くには、机と椅子がいる。それに加えて参考文献や辞書類など、手の届く範囲に置いたり積みあげたりする必要がある。昔の人は書院で書くのに、参考文献を使わなかったのだろう。書棚は少ないし、和綴じの本だったら寝かせて積むより仕方がなかったから、不便に違いない。時代と共に書斎が変わってきたのは事実である。

し　その2 深大寺の水車復原（水車館／一九九〇）

No.63

縁は異なもの、どういうわけかその当時、上野寛永寺の浦井正明執事長とある会で同席して親しくなったり、柴又帝釈天の望月良晃住職、通称御前様と「寅さん記念館」の設計で知り合った。西の方では深大寺の谷玄昭住職とお付き合いがあった。このご三人は、お互い良くご存知の方々だと聞いた。

深大寺はいまでこそ、そば屋が十数軒あって大層賑やかになったが、戦後すぐの頃は門前に二軒だけだったらしい。戦前は長らく島田屋一軒だったとか。参道といっても、バス通りから八〇メートルで山門につき当たる。左に切れると、鬱蒼とした木に囲まれた弁天池があった。三〇年ほど前のことで、参道はぬかるみ、バス道路も舗装がひどく、幅も狭くて曲がりくねっていた。調布市長のお声がかりで、名所を美しくしようと景観対策委員会がつくられ、メンバーに推薦された。長いことかかって、バス道

深大寺水車館の一部

路を直す方針が決まり、参道と寺の前の道の改良計画が計上された。寺の方も谷住職のひと声で、池をきれいにすることになった。

そこで住職と相談して、参道は二百年前からあったように見せる石畳にする。そして山門前の階段の崩れを直し、池の周囲の不要な植物をとり払い、池のまわりには丸太を打ち込んだ。池の中の弁天堂に渡る赤い橋も設計し、池の周辺を回遊できるようにした。石畳は幅二・七メートルだが、横浜市と交渉して、桜木町駅の引込線周辺の床の舗石の御影石を安く買ってきて敷いた。古い石だったから、二百年前の石畳に見えたのは大成功で、住職に感謝された。

この成功が、対策委員会の次の計画「昔あった場所に〈水車〉を復原したい」に、つながっていった。水の道は変えられていたから、まずバス道路沿いの流れを美しくすることから始め、昔から深大寺の裏山から流れ出していた湧水の流れを導いた。これも長い時間をかけて、道と流れと、バス道路沿いに水車小屋をつくり、ついでに農機具を並べる「調布博物館分館」を設計することになった。

一方で深大寺は、寺近くに一反歩のそば畑を持ち、秋の祭礼にはそばをつくり参詣人に振る舞っていた。それも復活させ、水車を使ってそば粉をつくることまで勘定に入れていた。あれこれ調布市の担当と深大寺との話がまとまり、「水車館＋調布博物館分館」が設計完了し、着工に至ったのである。

水車は知っていても、設計するのは初めてだった。現役の水車を実際に見て、設計条件を知る必要があった。生きている水車は見せ物が多く、足立区や狛江市のものは参考にしかならない。八王子に行ったが消えていたし、本物を九州まで見に行くのは大変だった。とにかく要点と角度と、水の落とし方もわかったけれど、参考書はないから実測が必要だった。こうして内部の杵まで考えて、石臼を用意するところまで漕ぎつけた。最も難しかったのは、水の落とし口の高さだった。

試行錯誤とは、このことをいうのかとわかったが後の祭り、水を流しても、水車は思うようには回ってくれなかった。そこで水の高さを変える。流れの高さを変えるというのは大変で、計算してみてもその通りにうまく行かず、実際には流れの底の高さを変える以外になかった。幸いに事務所には、横浜国大の紛争時に卒業したベテラン所員の崎谷克彦がいた。彼が現場についていたから、ようやくできたのだが、とにかく水車は回った。そして石臼も使えた。

農機具の博物館は、分室として市が展示を考えたからで、奥行き一間、一・八メートルの建物が一二間分、つまり「水車館」を囲んでL字型にできた。人はバス通りから入り、流れに架けた新しい橋を渡り、「水車館」を覗く。そしてL字に廻っておわる。

「水車館」といっても、藁屋根の二間×三間の小屋である。和風で真壁、格子戸を引違いでつけた、いわゆる農家風で、これはバス通りからも見えるし、いつも回っているから深大寺の看板になった。ところが実際には、池の端にあるそば屋がすでに店の前に古い水車を回していたから、二番煎じということにしかならなかった。しかし、新しい水車は、深大寺の僧たちが育てた本物のそばを粉にしてくれたから、本場の味を味わったことになる。

ゑ

笑笑（ゑらゑら）とゑくぼ

No.64

そう、ここでも難しい仮名文字が出現する。そこで「いろは」の「ゑ、ゐ、を」は、その度に古い『廣辭林』がお出ましである。笑笑とは、最近の盛り場のどこにでもある「白木屋」、「魚民」と並ぶ「笑笑」ではない。それには「わらわら」と仮名をふっているが違うらしい。古くは「ゑらゑらに」と読み「いたくわらひて」の意としている。ここで気がつくのは、現代の笑いのことではなく、「えらぐ様子」とあって、「楽しみ笑うさま」と客観的にその仕草を見て、それを表現する副詞であることであった。ゑらぐとは歓喜のことや楽しみ笑うことで、こうなると古語に近く、まあ「死語」であろう。

ここまでは枕で、建築とは何の関係もない前置きである。昔の辞書でも、さすがにゑのつく語は少なくて、わずか二頁だけだった。その中にゑくぼ、靨があり、「笑窪の意味」とあったから笑

L・ダヴィンチ「モナリザ」部分
出典／Raffaele Monti『Leonardo Da Vinci』1967, Grosset & Dunlap

笑を前提にした。諺に「あばたもゑくぼ」があるが、これあたりはひどい諺で、現今では差別用語だろうし、死語であってもいい。よくまあこんな言葉を使っていたもの、古い時代はひどい言葉に無関心だったことがわかる。ところが建設、施工、職人の世界では、極めて卑近な人体、動作に例えて物事を覚えたのは、すでに「造作」のところで人体部位を用いた「目すかし」「鼻隠」などでも見てきた。

そこでそのような差別用語のあったことを、知っておく必要もあると考え本項となった。コンクリート打ちで一方に片寄ると、「大根のす」のようになる。それを「す」といい、「じゃんか」「あばた」などと呼ぶ。雷おこしのような豆板をつくると、セメントペーストやミルクで苦労して直さなくてはならない。そのモルタルは「とろ」ともいうが、「とろろ芋」の「とろ」と同じだ。

さらに加えると、コンクリート部分が「おしゃか」で、釈迦入りでだめになったという隠語になる。この隠語は人の名をつけて、もっとひどくなる。その例を挙げると、一本クレーンの簡単なものを「坊主」、皮むき丸太も「坊主」、へりのない畳は「坊主畳」、縁のない襖は「坊主襖」だ。話変わってダイアフラムポンプを訛ると「ダルマポンプ」、石材磨きの研磨機は「だるま機」である。

だんだん悪くなってくるが、コンクリートを掻きよせる鋤型じょれんを「おかめ」といい、壁際の「ちり」をおさめるのが「おたふく鏝」で、なぜなのかわからない。欄間の組子には「おたふく菱」があり、床の間に使う銘竹は、しわだらけだから「姥竹」となる。

「平九郎」とは、現場の怠け者、「長太郎」は長い桁や、梁のための仮の支柱、「与太郎組」とは、梁を斜めにかけてバランスを取る組方、これを支える束（つか）は「与太郎束」となる。「勘太郎」は、外来語の和訳でトンネル工事で使うカンテラで、照明器具のこと。次は材木の呼称で「源太・元太」は、桧材のことをいい、それも芯材をいうようでさすがに辞書にもない。「迫太郎（さこたろう）」は、谷川の米搗き水車をいうが、川原の普通の石が「五郎太石、呉呂太石」といい、地固めにも使う玉石のことになる（矢田洋「建築用語を漫歩する」『言語生活』）。

以上は、まことに人を食った語で差別用語すれすれである。しかし一方で、植物、食物の例えは多い。雨樋は「あんこう」「でんでん」「えび樋」、そのほか「えび紅梁」「竹の子面」「芋目地」「ごぼう積」がある。屋根に「かまぼこ屋根」、「かまぼこ道」は盛り上がった道、「かまぼこ小屋」は半円筒の臨時小屋などに用いている。

大切なところでは煉瓦を半分にした「羊かん」、四分の一が「半羊かん」、元の煉瓦を「おなま」と呼ぶ。「ちまき、粽」とは寺の柱で少しくびれたもので、これをのせるのが「沓石」、やや丸くなった礎盤のこと。鳥居の柱脚の沓石は「亀腹」とか「饅頭」という。卓の脚に「猫脚」「猩猩足」があるが、「饅頭脚」もある。土蔵の外壁のL字型の掛金物は、すでにのべた「饅頭」に含まれ「饅頭金物」とも呼ぶ。

この項はやや下品な部類だが、知らないわけにはいかないものもある。職人から生まれた言葉だから、このように直接的表現が多い。死語にしてはもったいないような言葉もあるけれど、忌み言葉にならぬ程度で使えたらよいものもある。

ひ

火まわり、台所

No.65

電化製品が厨房に革命をもたらし、電気やガスのレンジが、台所というイメージをも変えてきた。台所道具と呼んでいた時代も、そう昔のことではない。ダイニング・キッチンは、厨房とか台所の存在をも駆逐しつつある。ＤＫ、ＬＤＫの存在は、すでに家庭の中心の移動でもあった。そして主役であった水と火は、今も主役でありながら、利便性や機能性の原動力であるに過ぎなくなってしまった。

すでにのべてきた厨房と水まわりに対して、新たに「火まわり」という語をつけたのは、その変わり方をもう一度とりあげたいからである。「火まわり」という語がないのは、「ゐろり」や「かまど」がなくなったからかもしれない。造語をしてでも、火が中心であった台所に戻ったりしながら、生活様式の変化を眺めることも必要であろう。それは特に食べものの食べ方やつくり方

平地床とゐろり（我孫子竪穴住居跡）
出典／彰国社編『伝統のディテール』1972，彰国社

などの流行に沿った、基本の問題に及ぶとも考えられる。

農家ではゐろりが生活の中心で、そこには格式があり、水場は土間にあってかまどと共に存在していた。かまどは日々の生活に不可欠な、台所の中心であった。縄文時代の炉は、ゐろりと同じ生活の中心で、朝鮮半島からかまどが伝来すると、煙を外に出し煮沸具を置くようになった。「かま」は朝鮮語と同じで、「ど」は所だという。五世紀には、土器のかまだったのが、ゆっくりと金属製に変わっていった。

台所を古く「かまもと」ともいい、「かまどを分ける」とは分家のことで、火には管理者がいたことの証であり、そこには竈神（おくどさん）がいる。寝殿造りの時代には、別棟にかまやがあり、主殿に配膳室、つまり台所があったのに、書院造りでは屋内にかまどが築かれ、調理も行われた。江戸の武家屋敷では、煮炊きと水仕事には土間のついた台所があったという（榮久庵憲司＋ＧＫ研究所『台所道具の歴史』柴田書店）。

江戸から明治にかけて、商家も農家も土間にかまどを持ち、台所で食事をした。商家は丁稚（でっち）たちが、箱膳を前に置いて整列し、農家でもゐろりの脇に箱膳を置きかかざの主婦が飯と汁をよそう。箱膳は各自のもので、箱に蓋をするものもあるが、自分の食器と箸をしまうが、湯を飲んで残り湯で洗うのが習慣であった。

都市の庶民は仕舞屋（しもたや）か、長屋に住む。仕舞屋とは店をしまったり、住居専用の場合にいう。主婦は家事専業で、家の表でなく裏方にいて勝手方だが、勝手するところがない場合は、土間か入口外でしちりんの炭火で煮炊きする。七厘の炭代で十分に火を起こせたから「しちりん」だそうだ。関西では「かんてき」といい、木炭の火がすぐ起こり赤くなるからと、癇癪が訛ったもの、副食調理にこれは欠かせなかった。

明治以後、飯を釜で炊く炊事場ができる。やがて水道、電気、ガスはいずれも中にひくようになり、勝手が台所になり、やがて厨房に昇格する。この百年の間に、これが凄まじい勢いで文明化し、リビング・キッチン、ダイニング・キッチンになっていった。炊飯器の普及にあらわれたように、戦後の飯炊き釜はもはや農家でも見られなくなっている。

ステンレス流しが、水まわりに改革をもたらしたように、ガス、電気の炊飯器は確かに「火まわり」の改革だった。「七厘」がコンロに代わり、レンジに変わると「火まわり」は副食の調理の改革を推進し、「電子レンジ」はあっという間に普及して、さらに火まわり革命となった。

家庭用電気機器のある厨房は、主婦を家事労働から解放し、電子レンジのあるＤＫやＬＤＫは、集合住宅の中で家事労働の夫婦分担を促進させたといえる。ひょっとすると厨房機械化、自動化、電化、電子化は、男子の厨房入りの仕掛けではなかったか。もちろん能率化や省エネ化は、半加工食品の利用に力があった。これも火まわり改革の力であったと思われる。

ＤＫ、ＬＤＫが家庭の生活様式、ライフスタイルを変えたのは否めない。そして今はその便利な厨房を通して、ようやく味覚への道が徐々に開かれつつある時代のようである。

ひ

No.66

その2 日当たりこそ命（ＳＫ邸／一九六二）

すでに書いたように、レーモンド事務所の在職中に、やむを得ず幾つものアルバイト住宅を建ててきた。やむを得ずというのは収入が欲しかったり、友人や親しい人たちが身近な設計屋という懇意さから、頼みやすいこともあったからである。だが事務所は一九五〇年に設立された株式会社で、戦前からのレーモンドの弟子たち数人が社長や役員になり、レーモンドは顧問だった。つまり会社を利用した私的業務（内職）はできないし、時間外であっても勤務に差し支えがあってはならないのは当然で、会社に電話連絡させることなど、もってのほかであった。

ここでアルバイト住宅がばれて、くびになった二人の建築家の後日談をはさもう。Ｆ・Ｌ・ライトはサリヴァンに馘首されて、当時は理不尽だとなじっていた。しかし師匠には一五年振りに会ったばかりでなく、病床にあって「帝国ホテル」の耐震性を公

横須賀ＳＫ邸南面

けに讃えた彼に救いの手を差しのべたという。またそのライトの弟子のレーモンドは、くびになって以来の三八年後の一九五八年に、「帝国ホテル」の背後に醜い新館が建ったことを批判するライトの立場に立ち、「ライト擁護論」を投書した。これを読んだライトから「戻ってくれたのは嬉しい」という旨の手紙があって和解ができた。

なぜこんなことを縷々のべたかというと、「いろは」も終わりに近く、項目の間にアルバイト住宅などを交えたことを弁明したかったからでもある。それに加えて、生活の糧のための住宅は公開することもできず、本当に力を入れて設計していたかどうか反省しているからでもある。もとより、いい加減な設計をしていたわけではないが、「屋根がとんだ（Ｋ邸）」のように、勤めていると緊急の場合でも、脱け出して面倒を見ることができない不便があり、不都合をなじられても致し方ない。

今回の「ＳＫ邸」も、そのようなアルバイト住宅のひとつである。これはレーモンド事務所で働く技術者の中でも長にあたる人から、ある友人が困っているから設計の面倒を見てくれないかといわれ、即座に引き受けて完成に至った住宅だった。即座というのはその建主が子供を抱え、より広い独立家屋をほしかったのと、ちょうど売りに出されていた横須賀市にある海岸の団地が手頃で、一刻も早く建てたかったからだった。

今までの家に日当たりがなく、こんどの敷地は南斜面で日当たりだけは確保できると確信し、ようやく健康的な生活に入れると考えていたと聞いた。その通り、海風が気持ちの良い海岸沿いの新しい住宅団地には、新築家屋がまばらに建っていた程度であった。しかし完成時には、そろそろ周辺の敷地は売約済みになるといった頃のことである。

この建主はいささかやかましかった。真面目な方だったから困ることはなかったが、自ら私の案の上に図を描き、見取り図まで加えたことがあり、たじたじとなりながら、それでも幾案かのやりとりのうちに決まる。七一坪の敷地に一階一六坪、二階が一一坪、計二七坪だった。中心に居間、左右に畳の部屋、北側に機能室、玄関と階段、二階では子供室が二つ南面して、八才と一〇才の男の子の部屋になったのは、親として精一杯だったろう。東から入るのは、南斜面はゆるいが東と南が道路で石垣があり、東北の隅からやや上がって入るためであった。とにかく、レーモンドスタイルを破りたくて、横板張り片流れを考えたり、居間に吹抜けを考えたりしたけれど、極く普通の形におさまってしまった。

敷地は京急の第四期分譲地として、数百の分譲地が次々に埋まっていった。遠い場所でもあり、完成時には訪ねたが、その後はとんと音沙汰なく、こちらもアメリカに行ったりで連絡が途絶えていた。

事務所を千駄ヶ谷に持って二〇年目の一九九〇年代のある日、その長男が事務所を訪ねてきた。まったく突然のことだったが、彼はどうやら建築家を目指しているということで、名簿で調べてやってきたのだった。聞くと父親はかなり老齢だが元気で、その長男と一緒に同じ家に今も住んでおり、その家が気に入っている父親は増築もせず、形を変えようとせず、前のまま住み続けているのだという。彼が建築設計を目指したのは、その家のせいだったといい、これには何とも返す言葉がなかった。

も

モジュール、黄金比

No.67

「モジュール」とは、英語で建築材などの「基準寸法」「基本単位」のことである。最近では電子計算機、宇宙船などの交換可能な構成部分のこともいうが、ここは建築関係にしぼりたい。メートル法であることはいわずと知れたこと、だがわれわれには「基本単位」よりも、「尺貫法」の方がわかりやすい。

寸があって一〇倍で尺、六倍は六尺の一間で一・八一八メートル、それが畳をつくり、建具をつくり、「内法」をつくってきたからである。しかも六〇間が一町になり一八六九（明治二）年には、一里三六町になる。一方、ミリ、センチ、メートル、キロメートルは、すべて一〇の倍数でできていて、長さの単位であっても原単位がつかめない。六尺が一間とは人間のサイズとわかるし、六〇間は一〇倍だが、三六町となるとだいたい一時間で行ける距離だとわかってくる、一里は約四キロメートルである。

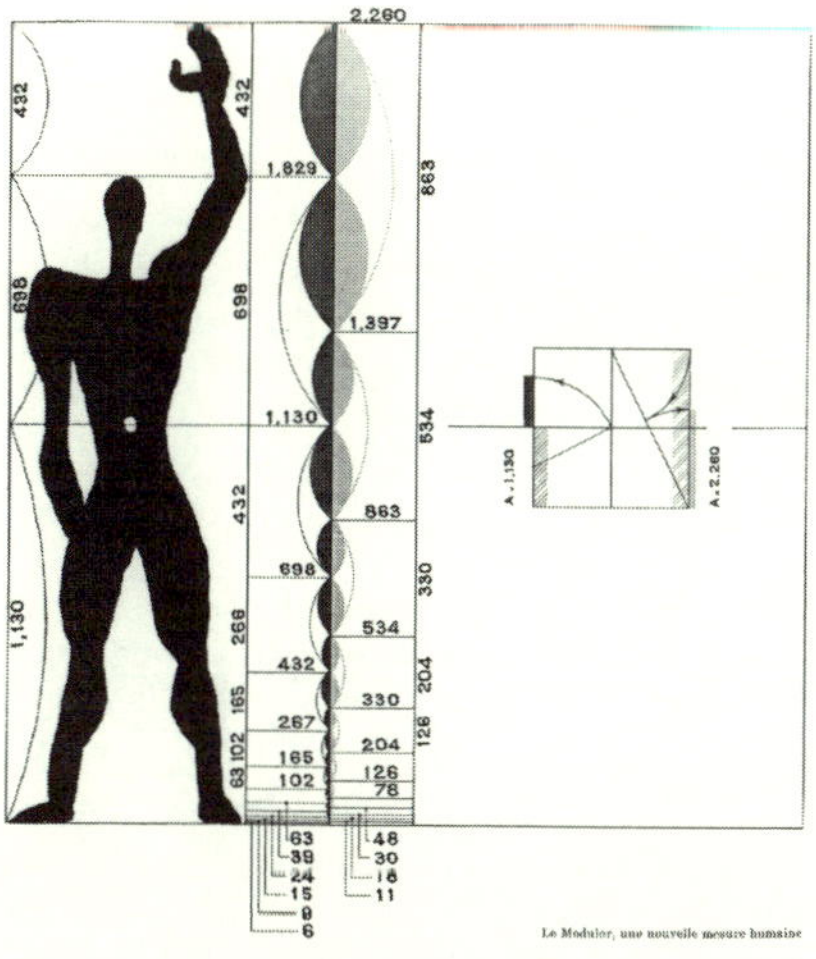

ル・コルビュジエのモデュロール
出典／W・Boesiger『Le Corbusier 1938-46』1961, Girsberger

おわかりいただけたと思うが、「基本単位」というものは十進法で決められるようなものではなくて、人間の寸法、人体の尺度、歩幅などと関係がないと見当がつかない。思うに「尺貫法」は身近であるが、メートル法は地球の寸法から出てきたもので、あまり身近なものではないらしい。

この「モジュール」をいい始めたのは、ローマのヴィトルヴィウスで、神殿の比例が人体寸法と関係ありとした人だ。そして世界は「黄金率」「黄金比」「黄金分割」ゴールデン・セクションに目覚めるが、古くはエジプトに遡るという。正方形は辺が一対一。次にルート2の矩形は、一対一対一・四一。ルート3の矩形は一対一対一・七三＝五対八・六六で、これが六〇度の定数の二辺の比になる。

円の中に五辺形を描き星印をつくると、そのひとつの頂点のつくる三角形は、三六度と七二度になり、一辺と底辺の比は一対一・六一八＝五対八・〇九になる。この一対一・六一八という比例が、いわゆる「黄金比」といわれるもの。星をつくらなくても、例えばこの比率の矩形をつくったとする。ここから一対一の正方形を除くと、残りの矩形の比が一対一・六一八になるそうだ。その矩形から正方形を除くと残りが、また同じ比率になる（柳亮『黄金分割』美術出版社）。

六〇度の定規が五対八・六六で、「黄金比」の五対八・〇九の近似値になるから、大体六〇度の定規をあててみると、五対八の「黄金比」に近い。この「黄金比」をペンタグラムというのだそうで、普通には「黄金分割」といっている。龍安寺の石庭を研究し龍谷大学にいる建築史家の宮元健次は、この庭が一対一・六一八の「黄金比」で囲われていると主張している。しかも例の虎の子石の配列も、その対角線に沿っているのだという。

「モジュール」に並んで、ル・コルビュジエの発明した尺度「モデュロール」がある。彼は一九三〇年代末から、一五年ほどかけて、「黄金比」に基づく『モデュロール（黄金尺）』（吉阪隆正訳、美術出版社）をつくり出版した。これは「人体の寸法と数学の結合から生まれたものを量る道具」で、いかなるデザインにも適用しうる尺度だといっている。

フランス人の標準身長を一・七五メートルとして、1を一・〇八メートル（へそまでの高さ）、「黄金比」一・六一八を一・七五メートル（身長）とし、2を二・一六メートル（手を上げた先までの高さ）という数値をつくる。そして赤青二通りの比例数列をつくり、赤は一・〇八メートルの数列、青は二・一六メートルからひき出した数列とし、いずれも正方形でペンタグラムを応用した数字をつくった。これを「フィボナチ級数」というのだが、この数字を、ほしい高さや長さにあてはめて、全体の数値をきめてから、建築を設計していることで有名である。

本項は数字がでてきたばかりか、数学や比例もたくさんあり、「住まいのいろは」の最後に近い部分にふさわしく、難しくなった。「いろは」で始まっても、「もせす……ん」で終わる頃には何とか、ひとわたりの建築の初歩的知識、ここでは全体に生活と歴史、木造建築の解説ということになるが、総ざらいしたように思っている。ただし、これこそ「ひとりよがり」だったのであろうし、書いている方が手習いをしているのだから、甚だ覚つかない。

も

その2 モデルハウスを（B山荘／一九七二）

No.68

山中湖畔の山荘については、幾度か書いてきた。まことに忘れ難い最初の経験であった、モデルハウス建設の実状を、ここで改めてとりあげ、結果としてどうなったかのべたい。モデルハウスは当初二軒建てた。建築家の平島も二軒でどちらが先に売れるか、芙蓉台の開発会社の内部では、それによって売れ筋の見込みを立てたかったらしい。場所は似たようなもので、いずれも坂、道は等高線に沿ってつけられたから、看板として最もよく目立つ場所が選ばれていた。

売り出しの時期は一緒で、モデルハウスが四軒だけ建っている状態から始まったといってよかった。結局は同時に売れたから勝敗はつかないことになったが新しい形をつくった方が新たな建主を獲得したことになった。ムーア風の不思議な形の山荘は確かに人目を引いたが、雨漏りのリスクが残った。一方、競争相手の設

B山荘北側

計したピロティで立ち上がる大屋根の山荘は、どちらかというと、オーソドックスな昔からの山荘だった。彼は名前は挙げなかったけれど、アメリカの真似をした山荘よりも、昔からの形が良いと折あるごとに発表誌などに書いて、当てつけていた。

確かに一方で、彼の言は当たっていた。風雨の強い所で、屋根、庇の短い山荘が坂に建っていれば、雨漏りを誘発した。そして庇のない山荘は、まさに裸の住宅と同じで、唐松の横板張りを容赦なくずぶ濡れにしていた。唐松は脂が多いから内装には使えないといわれていたが、外装材として使ったら、その脂があることで少しは永持ちするだろうと考えていたけれど、自然の暴力はそのような浅はかな考えを、見事に吹き飛ばしてしまった。

ともあれ、モデルハウスは目立つ方が良かった。そこでそのうちの最初の一棟は、激しい勾配を選んで、まず道から入った所にパーキングを平らに置き、そこからやや下りて玄関をつけた。屋根はそのまま、水平に南と北とに振り分けの瓦棒葺きにした。しかし内部は四層に分け、玄関から五段上がって寝室空間、五段下りてトイレと浴室、洗面所、水平に入ると食堂空間で南にバルコニーが張り出す。食堂から六段下りると、中心空間である居間に降り立ち、その空間の周りにベンチをつくる。斜面は東下がりで、その方向にバルコニーをもうひとつつけた。つまり南側のバルコニーと東側のそれが二方向にとび出すようにに考えた。

しかし三〇度近い斜面だから、四層をつくっても居間の下はもう一層分以上余ってしまう。仕方がなく山を削ろうかとも考えたが、それをやったらモデルハウスに金がかかることになる。一部削ってコンクリートの床をつくりピロティにする方法もあるが、それではいけないと土地はそのままにした。つまりこの四層の下に、ピロティをつくったのである。ピロティといっても太いコンクリートの柱ではなくて、通し柱を大地まで下ろし、それをいくつものブレースと貫でとめた高床である。道から見ると水平な家だが、横から見ると四層が細い通し柱の上に載る形になった。

確かに評判になったようであり、安全性は保証することになっていたこともあって、早速買手が現われた。病院の院長夫人であったが、この夫人が気に入ってくれて、その山荘は随分使われた。まことに幸いなことに雨漏りはなく、しかし暖房機がうまくいかず、すぐに暖まらなくて困ったことはあった。夫人はその後、ご主人の経営する病院の改修工事の設計を委託してくれたのだから、気に入って頂いたことになるのではないか。そればかりではなく、浅間山麓の北側、嬬恋村の土地を求め、そこに別の山荘をつくることにして、私に設計と監理をやらせた。

このB山荘は、設計としてはとにかく極めて冒険ではあった。事務所の所員たちが合宿に行ったこともあり、朝日カルチャーセンターのグループが横浜国大の寺子屋組と合流して、ここともうひとつの山荘に合宿をしたことがあったから、冒険もある程度は面白がられたのではなかったか。それにしても、この山荘の窓とバルコニーを開け放った風の涼しさ、そしてあれほどたくさんの夜空の星のきらめきは、まさに絶品であった。

せ

背割り、背割長屋

No.69

「背割り」とは何かである。材木のうち、心持材は乾燥すると割れを生ずる。だから室内に柱が見える場合は、目につく所が醜く割れるのを防ごうとして、あらかじめ材の背面を割っている。これを「背割り」という。

　数寄屋造りの面皮のついた柱、しぼ丸太の床柱、床の間の見事な柱は、その背後の見えない部分に中心に達する深い割れ目をつけるのが普通である。割れてくる「ひび」をあらかじめ一個所にまとめてしまうのが目的だが、それでも新築当座の家では、夜になって寝静まった頃に柱にひびの入る音が聞こえることがある。最近のよく乾燥された木材は、その傾向が少なくなったばかりか、この頃は床柱もなく、柱は大壁の中に入ってしまって、音がしても耳に届かないのだろう。

　ひとつの心配は、構造材の「背割り」で芯まで割り込むから、

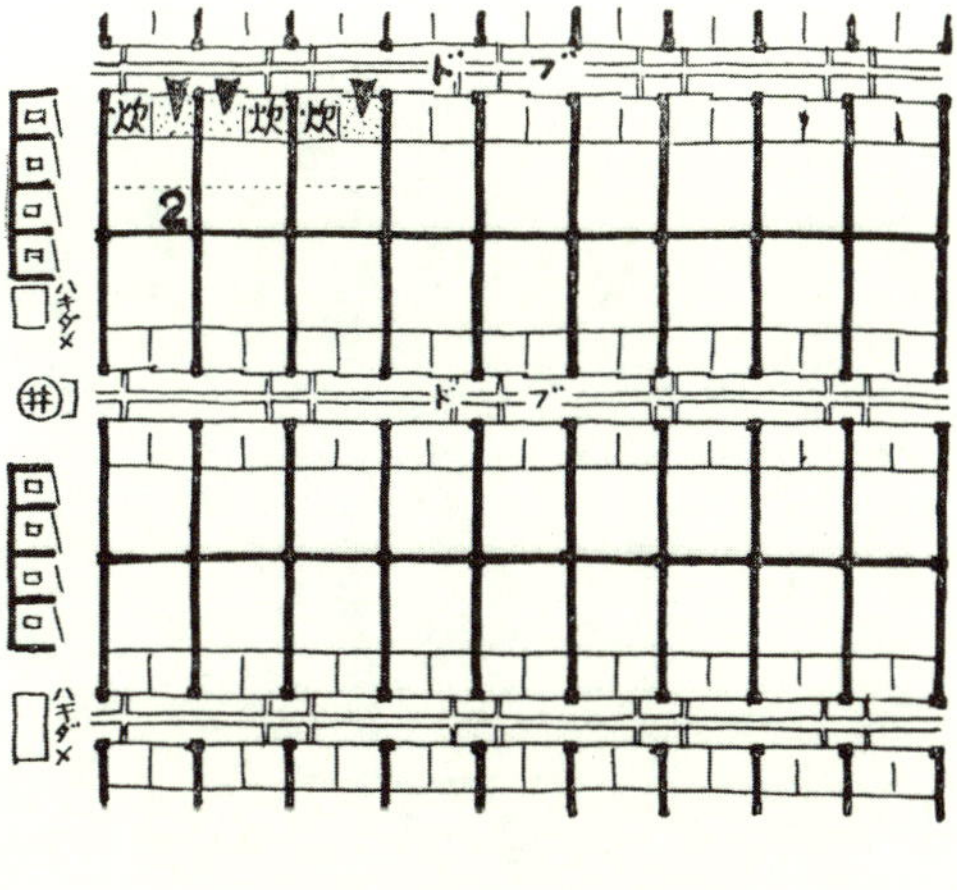

天保年間の江戸下谷の棟割長屋平面
出典／西山夘三『日本のすまい I』1975, 勁草書房

構造としての心配がないわけではない。「通し柱」を四隅に置くのはまだしも、四方から梁や貫がくると欠損が多くなるから折れやすい。その上に「背割り」があると、「管柱」の方が仕口の都合からいっても合理的、構造的だと思える。四隅の「通し柱」は、少なくとも二面は無傷で建っているから、「通し柱」の意味がある。

「背割長屋」といういい方を聞いた覚えがあるが、「棟割長屋」はあっても「背割長屋」は見つからなかった。「棟割長屋」は、江戸の町の熊さんや八っつぁんのいた「長屋」である。通りからどぶ板を踏んで狭い路地に入ると、左右に一戸数坪の「長屋」の並ぶ、「九尺二間の棟割長屋」といわれるのがそれ。数戸または十戸ほどが一続きの棟の下の家で、庭はなくて日は当たらず、井戸と便所は共同になっていて、おかみさんの井戸端会議が開かれ、戸口では七厘を渋うちわであおいで火を起こす。

ところが、西山夘三の『日本のすまい Ⅰ』で、「背割長屋」とはいわないがふれているのを見つけた。「ナガヤのなかで最低のクラスのものは、いわゆる棟割長屋（普通のナガヤのことを一つの棟をいくつかに割っているので〈棟割長屋〉という人もあるが、これは誤っている。厳密には、棟の方向にそって背割りをした長屋のことを〈棟割長屋〉という）であろう」といっている。

これには図があって、普通、長屋というと出てくる江戸時代の町家「棟割長屋」とは違う。「一戸当り一坪半、タタミじきの部分は二帖である。左右とうしろの三方の壁を隣りと共用しており、ヘヤの奥の柱はいずれも〈一本を四軒で使う仲のよさ〉である。無論〈通り抜け通風〉は期待できない。ただもぐりこんで寝るだけの全くの〈ネグラ〉である」

図を見ると、まことに違った「棟割長屋」で、これなら「背割長屋」に違いないと思えるものだった。入口を出ればどぶ板の路地は同じだけれど、棟のある位置に前後の家の仕切り壁が通り、各戸はまた壁で仕切られ、手前が九軒、背後に九軒の一八軒が一棟をつくり背を向けて並ぶ。どぶ板の向かい側に同じ九軒が平行していて、もちろん、九軒を外れた先に共同井戸あり、その左右に便所が四つずつ並ぶ。「ロジの幅は三尺程、中央に三〜七寸幅の溝。水はけと掃除の関係から炊事場は半坪の踏みこみに配置され」と説明されている。江戸時代天保頃の下谷山（三）崎町だそうだ。

これは確かに「背割長屋」である。一本の棟が九軒分、左右一八軒をわけた「背割り」だからだ。普通だったら中庭のような井戸端と、時には「稲荷社」などが祀ってある余裕もここにはない。それにしても一坪半とは気の毒な貧乏長屋で、これでも住めば都といっていたのであろう。「段ボール」住居より、雨露をしのげるからである。

一般に図示されてきた、天保時代の「木挽町河岸通り」の「棟割長屋」は、真ん中にどぶ板路地で、通り側には大家の住まいが見える。「背割長屋」の方は大家が別に住まっていたものか。江戸時代、家を持たない借家人は、一人前の町人ではなかった。市民権がないから、家主の監視のもとにおかれた。店子は子も同然で「差配」を含めていたが、貸家も町内一統の同意が必要だったという。封建都市であった江戸では、普通に住むのにも選択の自由がなかった。

す

数寄屋(すきや)

No.70

長い間かかって、ようやく最後に近くになった。あとは「ん」を残し、四八文字全部が完結する。よろよろと、よろめいたようなエッセイであった。「住まいのいろは」ではなくなって、「建築語源エッセイ」になってしまった。つまり、自分でもわからないことを書こうとして、言葉の理解とその周辺の調査をしたり、その項目に関する参考書を見ていくと、つい知らなかったことを先に書きたくなる。早くいえば、建築に関して無知を披瀝する結果になったようだ。

ところが、この最後の「数寄屋」にきても、その知識のなさを暴露することになる。数十年にもなる昔、神田の古書店で買った二冊の彰国社の本がある。北尾春道という書院や数寄屋建築の大家の名著で『数寄屋詳細図譜』とあるので、「す」は「すきや」で十分だろうと考え、これを参考にすればよいと簡単に思ってい

吉田五十八「猪股邸」の現代数奇屋
出典／吉橋、本吉、境原、安藤共著『和風からの発想』(『建築知識』別冊)1991.1、建築知識

たからである。もう一冊は『書院建築詳細図譜』で、臨春閣の「縁」の時も確かめるために使っていて、それと同じようにヒントがあると考えていた。

しかし『数寄屋』は、すべて「茶室」そのもので、しかも「起し絵図」を展開図として描き起こした「数寄屋研究」の資料集であった。中を見ると炉の寸法や石の寸法もあり、すべての開口部の寸法を書き入れた展開図や平面図。茶室は「利休二畳茶室」を始め、「不審庵」「真珠庵数寄屋」「狐蓬庵数寄屋」では、孔あき銭をかたどる「吾、唯足るを知る」で有名な手水鉢も入っている。まとめて外観写真と立面図、床の間と意匠、棚、障子など、その全部が「茶室」の図であった。

「数寄屋建築だけは、我国民の間に生れそのまま発達した純粋の日本建築で、また世界のあらゆる建築の中で他に類例のないものとも言われている」と著者は序でのべ、「古往の茶匠が遺せし数寄屋の精神を探求せんがため」これをまとめ、作図したものを上梓したとある。「茶室」のつくりが「数寄屋」であることに気がつかなかったのは、まことに笑止千万だった。

ところが、同じ書棚に、坂倉事務所所長だった西沢文隆の文章があった。「茶室はもともと広間の一隅を囲って茶事を行ったので囲いと称された。……当時は茶室は書院の座敷そのままの風貌であった。……茶室も数寄屋だと一般に考えられているようだが、茶室は茶事のための舞台セットであり、数寄屋は住居である。……数寄屋は数寄者のつくった家ないし、数寄者の住む家という程の意で、数寄者とはもとは花鳥風月を解する和歌の道に秀でた人という程の意であったらしい……当時の上流の人の住居は当然書院であったから、数寄屋は書院である」(『INAX REPORT』1983.10)とあって、ようやく少しは救われたのである。

現代の世界で「近代数寄屋」という名をつけて、住宅から料亭、ホテルまでも設計したのは吉田五十八であった。今では「数寄屋」といえば、この建築家のことを思い出す向きが多いかもしれない。ではその「新しい近代数寄屋」とは何であったか。彼は戦前、日本建築が「木割」の制約から一歩も踏み出せないでいるのに気がつく。そしてその制約を全部捨てて、構造用の柱と化粧用柱を別に考え、「大壁」で構成する方法を編み出そうと努力していた。

大壁にしてものを隠す。仮に柱なら必要な柱だけ見せて、不必要な柱は見せない。そうすれば、壁の扱いも自由になるという発想である。この考え方は、構造イコールデザインと考えた、近代主義建築の中では異端と考えられた。「大壁」建築は「はりぼて建築」になるし、「書き割り建築」にもなってしまうから、近代建築の純粋性には合わなかった。

しかし吉田流の「大壁」による幾多の「近代数寄屋」は、彼独自のものとして、またひとつの流儀として、ある世界ではもてはやされ、次第に理解されるようにもなった。「近代建築」の信条である単純性は、不要な線をとことんまで消し去り、和風の単純な美を追い続けてきた吉田流の流儀に通ずるところとなった。思うに「近代建築」の退屈さとか単なる純粋性を、とうの昔に乗り超えていたのではないかと考えられるような気がする。

ん
ようやく「あとがき」
No.71

初歩を語るという意味を含めて「住まいのいろは」と名づけながら、時には難しい部分もあった。「うんちく」を傾けようとしたり、知識をひけらかしたわけではない。どちらかというと普通に書こうと考えながら、ついつい深入りして脱け出すのに苦労したことが多かったように思う。そのような時は難しいことを、いうようになるらしい。

よくわかっていてこなれた知識であれば、わかりやすく書けるはずである。幾度もいい逃れをしてきたが、自分でテーマを決めながら参考書に頼らなくてはならなかったときは、他人の言葉だからどうもこなれないし、自分のものにもならない。

最初にお断わりしたように、「いろは順」だと語の頭の「せ」とか、「も」が全体のどの辺に位置するのかわかりにくいから、「五十音順」の表もつくった。そこで並べかえてみると、「あ行」

ん……んん、西山夘三画「長屋」
出典／西山夘三『日本のすまい I』1975, 勁草書房

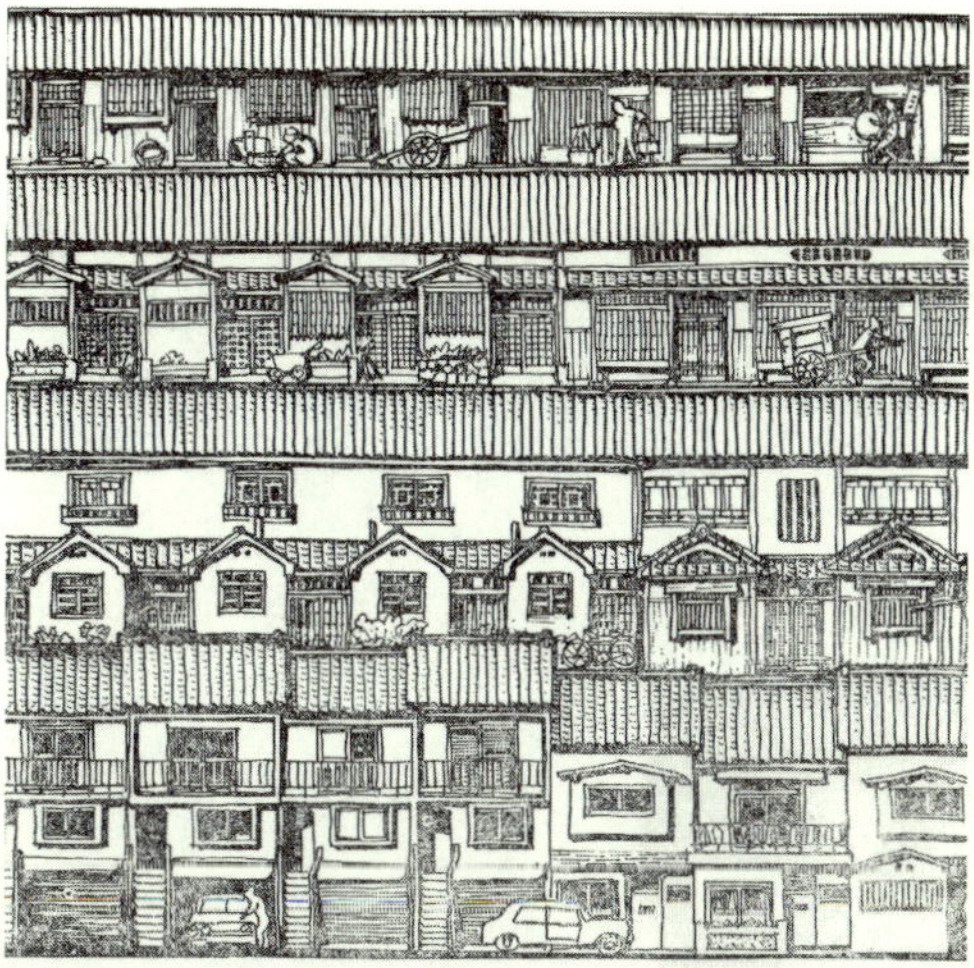

はだいたいにおいて住宅の部分、「さ行」は住宅の細部というようにわかり、ある方向性を持っていることを確認して進めてきた。

もうひとつは大きな項目、例えば「家」とか「屋根」という全体にまたがるテーマには参考書も多い。そこで何を主として書いたらいいのか迷いながら、全体を把握する客観的な見方ができないものかと努力してきた。細部にわたり「屋根」の呼称の説明や、分類だけでは読んでも面白くない。逆に細かい部分、木造の構法でいえば「方杖」とか、「火打梁」などに入ると、構法の説明になったり専門的な組み方や、その善し悪しに至ることになりがちだから、細部をさまようことは避けてきた。

このように留意していたが、苦し紛れのところがあって非難を受けそうなところもあり、どうしたものかと取り越し苦労をしている。その理由としては、『広辞苑』『漢和大辞典』などのご厄介になっているからである。語源に及ぶこともあり、それなりの参考書を使った。清水一、飯塚五郎蔵、前久夫、茶谷正洋といった研究者、学者、建築家が語録、事典、読本などを出版していて、それを見たり確かめながら書いてきた。できるだけ引用文献は挙げたけれど、随分と世話になった。すでに故人の方もいるが、その意味では文献は大切であった。

普通「あとがき」には、自分の拠り所や、書いてきた内容への断り書きをのべるが、ここでは「白状」と「おわび」の始末になった。

最後に辛抱して読んでいただいた皆さんに、また「女性建築技術者の会」の会員の皆さんに、深くお礼を申し上げたい。自分の書き癖を知っているから、語尾の乱れやらくりかえし、悪口を書くこともあり、気を付けてはいたが、いつの間にかあらわれていたところがある。お気づきの点、誤りの点のご教示をお願いいし、最後の言葉としたい。

この本の推進と出版に当たっては、多くの方々のお世話になりましたが、特に『土地と住宅』（三和書籍、二〇一〇）の著者の荒木清三郎氏と、三和書籍社長の高橋考氏に、そしてご担当いただいた同社編集長の下村幸一氏に心よりお礼を申し上げます。

参考文献

初出No.	書名
1	西山夘三『西山夘三著作集2　住居論』勁草書房、一九六八
1	今 和次郎『今和次郎集4　住居論』ドメス出版、一九七一
4	新村 出編『広辞苑』第二版、岩波書店、一九七一
5	吉村順三『小さな森の家』建築資料研究社、一九九六
7	A・レーモンド、三沢訳『自伝　アントニン・レーモンド』鹿島出版会、一九七〇
7	A・レーモンド『アントニン　レイモンド作品集　1920－35』城南書院、一九三五
7	A・レーモンド、三沢訳『私と日本建築』（SD選書）鹿島出版会、一九六七
7	B・タウト、篠田英雄訳『日本　タウトの日記　一九三五－一九三六年』岩波書店、一九七五
8	海野 弘『部屋の宇宙誌』TBSブリタニカ、一九八三
8	アレキサンダー・キラ、紀谷訳『THE BATHROOM　バス・トイレ空間の人間科学』TOTO出版、一九八九
10	太田博太郎『床の間』（岩波新書）岩波書店、一九七八
10	濱口ミホ『日本住宅の封建性』相模書房、一九五〇
11	栄久庵憲司＋GK研究所『台所道具の歴史』柴田書店、一九七六
11	山口昌伴、他『台所空間学』筑摩書房、一九八五
12	飯塚五郎蔵『建築語源考　技術はコトバなり』鹿島出版会、一九九五
12	矢田 洋「建築用語を漫歩する」、『言語生活』九月号　筑摩書房、一九八一
14	広瀬鎌二「木の建築文化論」、『建築とまちづくり』七月号　新建築家技術者集団、二〇〇二

15 蔵田力「建築基準法改正の状況を」、『建築とまちづくり』二月号　新建築家技術者集団、二〇〇三
17 金沢庄三郎編纂『廣辭林』新訂携帯七八二版　三省堂、一九四一
17 吉村順三・宮脇檀『吉村順三のディテール　住宅を矩計で考える』彰国社、一九七九
17 A・レーモンド『レーモンド建築詳細図集 1938』国際建築協会、一九三八
18 大石治孝編『和風／情感の演出』（建築知識別冊第六集）建築知識、一九八一
23 清水一『私の建築事典』井上書院、一九七二
23 奥村昭雄『暖炉づくりハンドブック』建築資料研究社、一九九一
25 北村悦子『喜多方の煉瓦蔵』喜多方煉瓦蔵保存会、一九八九
26 茶谷正洋『すまいの語録』学芸出版社、一九七八
28 大島建彦、他編『日本を知る小事典3・衣食住』（現代教養文庫）社会思想社、一九七九
32 田口武一『建物とストレスの話』井上書院、一九八五
32 能登春男・あき子『住まいの複合汚染』三一書房、一九九六
33 『フランク・ロイド・ライトと現代』（a＋u臨時増刊）エー・アンド・ユー、一九八一
34 平井聖『屋根の歴史』東洋経済新報社、一九七三
34 立岩二郎『てりむくり　日本建築の曲線』（中公新書）中央公論新社、二〇〇〇
39 前久夫『住まいの歴史読本』東京美術、一九七七
39 石田潤一郎『物語ものの建築史　屋根のはなし』鹿島出版会、一九九〇
42 山田幸一『壁』法政大学出版局、一九八一
43 編集委員会『建築大辞典』彰国社、一九七四
45 小泉袈裟勝『単位の起源事典』東京書籍、一九八二
45 小泉袈裟勝『ものさし』法政大学出版局、一九七七

50 池田 論『事典 ものごとの始まり』徳間書店、一九六六
51 芳賀剛太郎『漢和新大辞典』、有精堂、一九三二
52 山本学治・稲葉武司『巨匠ミースの遺産』彰国社、一九七〇
52 F・ウィルソン、山本・稲葉訳『構造と空間の感覚』（SD選書）鹿島出版会、一九七六
52 E・R・デ・ザーコ、山本・稲葉訳『機能主義理論の系譜』鹿島出版会、一九七二
52 R・J・メインストン、山本・三上訳『構造とその形態』彰国社、一九八四
52 山本学治『森のめぐみ』筑摩書房、一九七五
60 西山夘三『日本のすまい I』勁草書房、一九七五
67 柳亮『黄金分割 ピラミッドからル・コルビュジェまで』美術出版社、一九六五
67 ル・コルビュジエ、吉阪隆正訳『モデュロール』美術出版社、一九五三
67 ル・コルビュジエ、吉阪隆正訳『モデュロール 2』美術出版社、一九六〇
70 北尾春道『数奇屋詳細図譜』彰国社、一九五三
70 北尾春道『書院建築詳細図譜』彰国社、一九五六

その他

佐藤 平『すまいの手帖』（ブルーバックス）講談社、一九七三
宇野英隆・直井英雄『住まいの安全学』（ブルーバックス）講談社、一九七六
日本建築士会連合会『建築用語の早わかり』日本建築士会連合会、一九六三
梅棹忠夫、他『日本人の生活空間』朝日新聞社、一九七四
山中襄太『語源博物誌』大修館書店、一九七六
杉本つとむ『生活のことば語源読本』雄山閣、一九七七

【附録】

住まいのいろは　五十音順早見表

	あ	い	う	え	お
あ行	雨仕舞	家	内法	縁側	おかぐら
か行	階段	木の家具	蔵	玄関	こたつ
さ行	指金	書斎	数寄屋	背割	造作
た行	暖炉	厨房	衝立	天窓／天井	床の間
な行	中庭	二階／階段	貫	寝間	軒
は行	柱／梁	火まわり	吹抜／アトリウム	部屋／便所	方位
ま行	間尺	水まわり	むくり／そり	目通り	モジュール
や行	屋根	——	床／床暖房	——	浴室／風呂
ら行	ラワン／ラーメン	陸	ルール／基準法	煉瓦	廊下
わ行	和風	ゐろり		笑笑／ゑくぼ	納まり
ん	あとがき				

【著者】

三沢　浩（みさわ　ひろし）

1955年　東京芸術大学建築科卒業後、レーモンド建築設計事務所勤務。
1963年　カリフォルニア大学バークレー校講師。
1966年　三沢浩研究室設立。
1991年　三沢建築研究所設立。

［主な作品］
平塚マリア教会。吉祥寺レンガ館モール。深大寺仲見世モール・水車館。柴又寅さん記念館。松代大本営平和祈念館（基本設計）。東京大空襲・戦災資料センター。上野中央通りシンボルロードなど。

［主な著書］
『アントニン・レーモンドの建築』（鹿島出版会）。『A・レーモンドの住宅物語』（建築資料研究社）。『フランク・ロイド・ライトのモダニズム』、『A・レーモンドの建築詳細』（彰国社）。『フランク・ロイド・ライト入門』、『レーモンドの失われた建築』（王国社）。

［主な訳書］
アントニン・レーモンド『私と日本建築』、『自伝アントニン・レーモンド』（鹿島出版会）

住まいのいろは

2011年　5月　31日　　第1版第1刷発行

著者　三沢　浩

発行者　高橋　考
発行所　三和書籍
〒112-0013　東京都文京区音羽2-2-2
TEL 03-5395-4630　FAX 03-5395-4632
sanwa@sanwa-co.com
http://www.sanwa-co.com/
印刷／製本　日本ハイコム株式会社

乱丁、落丁本はお取り替えいたします。価格はカバーに表示してあります。
ISBN978-4-86251-107-2 C1052